Talmud für Anfänger

W0358689

Schalom-Bücher Band 1
Hrsg. von Arnulf H. Baumann

Siegfried Bergler

Talmud für Anfänger

ein Werkbuch

Lutherisches Verlagshaus

»Seitdem die Speichelzieher (Prahlhänse) zunahmen, nahmen die Hochmütigen zu, aber es nahmen die Gelehrten ab, und die Tora sucht nach solchen, die sie studieren.«

b Sota 47b

Für meinen Jonathan, den »Beginner«

Die Deutsche Bibliothek - CIP-Einheitsaufnahme

Bergler Siegfried: Talmud für Anfänger: ein Werkbuch/
Siegfried Bergler. - Hannover: Luth. Verl.-Haus, 1991
(Schalom; 1)
ISBN 3-7859-0618-8
NE: GT

© Lutherisches Verlagshaus GmbH, Hannover, 1991
2. Auflage 1992
Alle Rechte vorbehalten
Gesamtherstellung: Th. Schäfer Druckerei GmbH, Hannover
ISBN 3-7859-0618-8

Inhalt

Vorwort

Es ist nicht leicht, über ein Werk zu sprechen, das nur wenige von uns je in der Hand hielten, geschweige denn selbst ihr eigen nennen. Der Grund dafür ist sicher nicht bloß der Preis - etwa ein Tausendmarkschein - und die Tatsache, daß noch keine zufriedenstellende deutsche Gesamtübersetzung existiert. Vielmehr gilt der Talmud in christlichen Kreisen als das jüdische Buch schlechthin. Aus der Vergangenheit weiterwirkende antisemitische oder antijüdische Vorurteile mögen die Zurückhaltung ihm gegenüber noch verstärken. Die Beschäftigung mit dem Talmud ist bis heute eher ein Spezialgebiet für Judaisten und Theologen geblieben. Für diesen Adressatenkreis liegen tatsächlich gute wissenschaftliche Darstellungen vor. Für theologische Laien hingegen bietet der deutschsprachige Buchmarkt derzeit nur einen Textauswahlband und - aus jüdischer Feder - eine knappe Einführung mit wenig Beispielen.

Daher ist das Anliegen dieses Taschenbuches, durch eine allgemeinverständliche, kurze Hinführung aus christlicher Sicht breiteres Interesse an jenem Stück Weltliteratur zu wecken, prägnante Texte daraus zu kommentieren, Querverweise auf das Alte und Neue Testament zu geben sowie mittels gestellter Aufgaben von Anfang an zu eigenständiger Weiterarbeit anzuleiten. Vorausgesetzt wird lediglich der Besitz einer Bibel und die Bereitschaft, im vorhinein die jeweils angegebenen Stellen zu studieren, weil diese unverzichtbare Voraussetzung für tieferes Verstehen der Probleme sind. Nebeneffekt dürfte somit auch das Kennenlernen von kaum bekannten biblischen Büchern sein, da im wahrsten Wortsinne »die Leviten (das 3. Buch Mose) gelesen« werden. Talmudkunde setzt letztlich Bibelkunde voraus. Zwecks besserer Handhabbarkeit sind nur wenige hebräische Fachbegriffe - zudem in einer vereinfachten Umschrift - verwendet. Die Quellentexte werden mit knappen Erläuterungen versehen, wobei das in runde Klammern Gesetzte interpretierende Funktion wahrnimmt und das in eckige Lese- und Übersetzungshilfen bietet.

Gedankt sei meinen treuen Studenten am Institutum Judaicum Delitzschianum der Universität Münster für manche Anregung, sodann dem Vorsitzenden des Ev.-luth. Zentralvereins für Zeugnis und Dienst unter Juden und Christen, Herrn Pastor Arnulf H. Baumann, als dem Herausgeber für die Aufnahme dieses Büchleins in die Schalom-Reihe. Möge dem Buch ein anderes Schicksal beschieden sein als einem jüdischen Gegenstück im III. Reich, von dem es lapidar heißt: »gleich nach Erscheinen verbrannt«.

Hannover, im Mai 1991
Siegfried Bergler

1. Die Reise auf einem unendlichen Meer

Talmud - was ist das? Der Begriff »Talmud« hat noch in vielen Ohren einen negativen Klang. Stimmen wie diese gab und gibt es immer wieder: »Talmud ist das Gesetzbuch der Juden.« »Talmud ist ein Geheimbuch, ein mystisches oder okkultes Werk.« »Der Talmud verunglimpft die Christen.« »Er enthält kindische Märchen und spitzfindigen Kram, von Widerwärtigkeiten und Obszönitäten ganz zu schweigen.« Unkenntnis oder bewußt falsche Information sind der Grund jener Aversionen und Vorurteile. Die Zeit, in der per Regierungserlaß Talmudausgaben dem Feuer übergeben werden mußten, liegt noch nicht lange zurück. Vielleicht wirkt auch die zwei Jahrtausende alte antijüdisch eingestellte kirchliche Tradition nach. Schon die mittelalterlichen Kirchenväter wußten mit dem Talmud wenig anzufangen und tradierten allenfalls Zerrbilder weiter. Dazu kam das immer wieder erneuerte kirchliche Verbot, sich mit dem Talmud zu beschäftigen. Von wenigen Ausnahmen abgesehen: Erst das jüdisch-christliche Gespräch nach 1945 hat auch einen Neuzugang zu diesem umstrittenen Buch ermöglicht und versucht die unheilvolle Wirkungsgeschichte aufzuarbeiten.

Talmud - was ist das? Einige positive Schlagworte der Annäherung:

Der Talmud ist das neben der Bibel am meisten studierte Werk des Judentums. Er gleicht einem »Sprechsaal, in welchem die Stimmen von fünf Jahrhunderten durcheinandergehen« (Franz Delitzsch). Tausende von Gelehrten - angeblich an die 2800 Rabbinen - wollen sich hier Gehör verschaffen. Er stellt ein Werk mit annähernd 2,5 Millionen Wörtern auf 2947 Doppelseiten, also insgesamt 5894 großformatigen Seiten, dar. Die namhafte deutsche Übersetzung (1929-1936) von Lazarus Goldschmidt zählt zwölf Bände mit 9421 Seiten. Es handelt sich um eine Enzyklopädie von Stoffen verschiedener Form und Inhaltes, die im Grunde die gesamte jüdische Literatur eines halben Jahrtausends umfaßt. Trotzdem haben manche die erstaunliche Gedächtnisleistung vollbracht, sie ganz auswendig zu können -

zumindest aber große Teile davon. Der Talmud ist ohne Formparallele zu anderen Büchern, bildet eine Welt für sich. Wer ihn studiert, praktiziert Gottesdienst.

Stellen wir überblicksmäßig die klassischen W-Fragen:

Wann ist er entstanden? Sicher ist ein Wachstum von mehr als 800 Jahren vorauszusetzen (von ca. 300 v. Chr. bis ca. 500 n. Chr.). Damit steht er der Entstehungsdauer des Alten Testaments kaum nach (von ca. 1000 v. Chr. bis ins 2. Jh. v. Chr.). Er übertrifft sie sogar bei weitem, wenn wir die mittelalterlichen und neuzeitlichen Weiterkommentierungen, die zum Teil in den heutigen Talmuddruckausgaben Platz gefunden haben, berücksichtigen.

Wer hat ihn verfaßt? Der Talmud ist nicht von einem einzigen Autor oder einer bestimmten Schreiberschule verfertigt worden. Vielmehr haben unzählige Weise in ihm ihre Namen und Gedanken verewigt. Aber er spiegelt nicht nur die Handschrift gewisser gelehrter Individuen wider, sondern reflektiert das Denken Israels als Kollektiv, das Zeugnis und Wesen des ganzen jüdischen Volkes. Ein homogenes Werk aus einem Guß ist darum kaum zu erwarten. Der Akzent liegt auf der Aneinanderreihung verschiedener Ansichten über bestimmte Fragen. Der Weg, nicht ein bestimmtes »Lernziel«, ist das Entscheidende. Mag auch der Talmud das Endprodukt einer bestimmten Zeitphase sein: Einen klar umrissenen Abschluß hat er nie gefunden. Seine oft kritisierte Bruchstückhaftigkeit und Unübersichtlichkeit sind gerade Hinweis auf seine Offenheit nach vorn.

Wo wurde er geschrieben? Seine Entstehung ist nicht auf einen bestimmten Ort oder auf ein bestimmtes Land einzugrenzen. Wir werden vom Land Israel nach Babylonien (und zurück) gewiesen und weiter über Nordafrika nach Frankreich und Deutschland bis hin zu seinen Druckereien in Rußland. Die Beschäftigung mit ihm gleicht darum fast einer Weltreise.

Was ist sein Inhalt? Wir finden in ihm höchst disparates Material: lebendige Diskussionen, lange juristisch-nüchterne Abhandlungen, kernige Sprichworte, Anekdoten, Historisches, Kulturelles, Wissenschaftliches, Philosophisches und nicht zuletzt manch Humoristisches. Jedenfalls sind uns in ihm uralte Gedanken,

Weisheiten und Antworten auf teils noch immer aktuelle Probleme aufbewahrt. Auch können wir ihm schon die Kerben einer feindlich gesonnenen Geschichte und Umwelt abspüren.
Schlagen wir irgendeinen Talmudtraktat auf, so befinden wir uns längst inmitten einer laufenden Debatte. Eine Einführung in die Thematik wird nicht geboten, sondern ein uns Heutigen nur mühsam erwerbbares Vorwissen vorausgesetzt. Oft hapert es bereits am Verstehen der Traktatüberschrift. Beispielsweise dreht sich *Demai*, zu deutsch »Zweifelhaftes«, um Früchte, bei denen möglicherweise der Zehnte, also der in damaliger Zeit für Priester bestimmte Abgabenteil, noch nicht entrichtet wurde. Das Problembewußtsein ist demnach längst gegeben; es werden nur noch Rand- oder Spezialfragen erörtert, während wir uns erst mit der Problemstellung selbst anfreunden und die biblischen Grundlagen dafür aneignen müssen. Darum ist unser Anlaufweg zweifelsohne länger und schwieriger. Gerne vergleicht man den Talmud einem schier endlosen Meer, auf dem wir zwar lebenslang herumsegeln können, aber letztlich bleiben wir nur einfache »Matrosen«, die nie das Ganze seines Wesens und Inhalts erforschen können, zumal die Fahrt äußerst mühsam - fast entmutigend - beginnt. Vieles, was wir im Talmud finden, bleibt auch nach dem dritten oder vierten Durchlesen unverständlich, weil wir einfach vom damaligen Zeithintergrund oder Denkansatz zu weit entfernt sind. Viele hebräische Begriffe müssen nicht nur übersetzt, sondern ausführlich erklärt werden, um handhabbar zu sein. Manches Anstößige bedarf der Glättung oder einer Verstehenshilfe. Zu einigen Ansichten dürfte sich sogar Widerspruch regen.

Aufgabe: Ein Talmudtraktat trägt den Titel *Jadajim*, »Hände«. Welche Fragen werden Ihrer Meinung nach hier behandelt? Lesen Sie Markus 7!

2. Die Bedeutung des Talmuds für Juden - und Christen

Man nennt die hebräische Bibel (das Alte Testament) den Grundstein des Judentums. Der Talmud, der nicht ohne ihre Worte und Bestimmungen verstehbar ist, muß dann gleichsam die tragende Säule des Judentums sein. Dieses genuin jüdische Produkt bildet die Sammlung religionsgesetzlicher und zivilrechtlicher Regeln und Diskussionen. Bis auf den heutigen Tag gibt er die Grundlage weitergehender Anwendung und Interpretation ab. Warum haben sich Generationen von Juden mit ihm auseinandergesetzt? Im Talmud ist das Erbe der Väter aufbewahrt. Er spiegelt jüdisches Leben und jüdischen Geist unter mannigfaltigen Zeitumständen wider. Er präsentiert in Reinkultur die Grundformen jüdischer Gebete und jüdischer Gottesdienstliturgie, legt den Festkalender und die Begehung der Feiertage fest, enthält die im Staat Israel noch immer gültigen Ehe- und Ehescheidungsbestimmungen sowie unzählige Anweisungen für ein »heiliges« Alltagsleben. Zwar haben Juden den Talmud geschaffen, aber zugleich hat er seinerseits begonnen, das jüdische Volk zu prägen, das Festhalten an den biblischen Gottesweisungen zu stärken und kritisches Denken zu fördern, damit man sich nicht mit der vordergründigen Realität der Verhältnisse zufriedengibt, sondern tiefer nach dem Sinn und den Zusammenhängen allen Seins fragt. Insofern hat er das Judentum davor geschützt, sich in mystische Spekulationen oder in rein materialistisches Denken zu verlieren. Er stellt einen Schutz gegen Demoralisierung, Abstumpfung und Resignation dar. Letztlich hat seine Existenz das Judentum vor dem Untergang bewahrt. Denn nur durch die Konzentration auf seine Worte behielten Juden auch in schweren Verfolgungstagen ihre Identität und die Hoffnung auf eine Wende ihres Geschickes.

Wie von der Bibel gilt auch vom Talmud: Er ist das »portative Vaterland« der Juden (Heinrich Heine), eine Art Leuchtturm und Ruhepol in einer feindlichen Umwelt, die ihnen oft genug den Untergang wünschte. Auch wenn im Holocaust das fromme osteuropäische Judentum vernichtet wurde, auch wenn säkularisierte Juden heute mit ihm nichts mehr zu tun haben wollen - der

Talmud ist trotzdem einigendes Band geblieben. Obwohl sich viele Juden von der ihnen zu eng erscheinenden Tradition freimachen möchten, bleiben sie doch immer wieder auf die vom Talmud vorgegebene Auslegung der Bibel gewiesen. Die Frage ist berechtigt, inwieweit man ohne Bibel- und ohne Talmudrückbezug überhaupt Jude sein kann.

Talmudstudium ist darum religiöse Pflicht. So wie Beten Gottesdienst des Herzens ist, so ist die Beschäftigung mit dem Talmud Gottesdienst des Geistes. Oft ist es ein Studium um seiner selbst willen, Gedankenspiel im Angesicht Gottes, ohne gleich nach der Nützlichkeit oder dem Praxisbezug zu fragen. Das Lernziel liegt in der Auseinandersetzung mit den Meinungen der Rabbinen von ehedem. Juden sagen, es sei die größte Tugend, bei dieser Beschäftigung alt zu werden. Viele Schulen in Israel bilden Schüler nur mit dem Ziel, wieder Talmudlehrer zu werden, aus. Da es auch in den nebensächlichsten Punkten um Gott, um seine Schöpfung und um das Miteinander seiner Geschöpfe geht, folglich hinter jedem noch so weltlich-banal anmutenden Ding eine religiöse Wahrheit steckt, ist es für einen Juden unwichtig, ob er Probleme traktiert, die ohne praktischen Nutzen sind oder die früher einmal wichtig waren, jetzt aber längst bedeutungslos sind. In dieser Hinsicht gilt der Talmud als zeitlos. Hingegen sollten wir uns selbst überprüfen, wieviel Zeit wir für unsinnige Dinge, für die Lektüre von Illustrierten oder Groschenromanen verschwenden!

Warum sollen aber wir Christen etwas über den Talmud wissen?

- Weil wir uns erst dann eine objektive Meinung bilden und die Fehlurteile und Klischees der Vergangenheit vermeiden können.
- Weil wir in jüdisches Denken und Leben gerade zur Zeit Jesu und der Alten Kirche hineingenommen werden, ohne das wir das Neue Testament gar nicht sachgemäß verstehen können.
- Weil wir immens viel über den Glauben, das Brauchtum und das Selbstverständnis von Juden im Blick auf das christlich-jüdische Gespräch heute lernen können.
- Weil wir hier eine Auslegung des Alten Testamentes durch Juden kennenlernen und auf einmal sehen, daß nicht nur das Neue Testament, sondern auch der Talmud - auf je eigene Weise -

eigenständige Fortführung des Alten Testaments zu sein beansprucht.
Bei jedem Gespräch über die Bibel mit Juden ist zu berücksichtigen, daß sie ihrem rabbinischen Auslegungserbe, das keinesfalls deckungsgleich mit unserer kritisch-wissenschaftlichen Sicht ist, verpflichtet sind. Genauso können Juden, die sich mit christlichem Bibelverständnis beschäftigen wollen, dies nicht unter Absehung der kirchengeschichtlichen Auslegungstradition tun. Bildlich ausgedrückt: Jede sprudelnde Quelle (die Heilige Schrift) ergibt irgendwann einen Fluß (die Tradition). Und zur Quelle kann man nur zurückfinden, wenn man dem Fluß aufwärts folgt. Gegenseitige Toleranz zu fordern wäre zu wenig. Sondern Juden und Christen müssen, um nicht aneinander vorbeizureden, die andere Zugangsweise zur Bibel kennen.
Wir sind keine Juden. Darum werden wir dem Talmud wohl ein Stück weit distanziert gegenüberstehen, zumal er nicht unserem Denken und unserer Kultur entsprungen ist. Doch nach dem Gesagten ist es unabdingbar, daß wir uns diesem Dokument der jüdischen Religion widmen, aus der ja Jesus gekommen ist, in der er bis zum Tod lebte und die den Wurzelgrund für Christentum und Kirche abgibt. Nur: Wenn wir dies wollen, bedarf es des Wagnisses, immer wieder die eigene Position hinterfragen zu lassen oder gar aufzugeben. Es ist ein Stück Aufarbeitung der Vergangenheit, eine ausgestreckte Hand ohne Wenn und Aber, ohne Vorurteile. Wie heute in jüdisch-christlichen Arbeitskreisen bereits gemeinsam das Neue Testament studiert wird, so wäre es wünschenswert, mit genau derselben Selbstverständlichkeit ein gemeinsames Lehrhausstudium des Talmuds zu betreiben.

Aufgabe: Erklären Sie folgenden »Witz«: Ein Jugendlicher bittet seinen Rabbi, mit ihm die Talmudbestimmungen zur ihm brennend wichtigen Thematik »Kriegsdienstverweigerung« zu finden und zu diskutieren. Der Rabbi aber lehnt ab: »Nein, studiere die Tempelopferbestimmungen im Talmud! - Sie sind wichtiger.«

3. Am Anfang war die Tora

Es heißt: »Tradition ist ein Zaun für die Tora.« (M Ab III 13 [17]) Der Talmud versteht sich als ein solcher Zaun, der der Abgrenzung und dem Schutz dient. Doch was bedeutet der auf kaum einer Talmudseite fehlende Begriff »Tora«, der auch in der hebräischen Bibel unzähligemal vorkommt? Christlicherseits übersetzt man ihn gern mit »Gesetz«, wobei man an das Neue Testament anknüpfen kann, das vom »Gesetz des Mose, den Propheten und den Psalmen« spricht. (Lukas 24,44) Dies ist aber nur eine einseitige Wiedergabe des hebräischen »Tora«. Man muß vielmehr beachten, daß der Gebrauch des Wortes Tora schon innerhalb des Alten Testamentes eine Entwicklung und damit einen Bedeutungswandel durchgemacht hat:

- Zunächst: die göttliche Weisung/Lehre: »Von Zion wird Tora ausgehen und des Herrn Wort von Jerusalem.« (Jesaja 2,3) Tora gleich Gottes Wort! Sie wurde durch Priester an Laien auf konkrete Fragen zu kultischen oder gottesdienstlichen Angelegenheiten erteilt (Beispiel: Haggai 2,11-14). Tora war demnach eine mündlich - im Namen Gottes - vermittelte Unterweisung durch dafür ausgewiesene Amtsträger.
- Dann: schriftliche Zusammenfassungen solcher Einzelanweisungen, etwa das sog. Heiligkeitsgesetz (3. Mose 17-26) oder die Zehn Gebote (2. Mose 20). Mit dem Halten der Tora, dieser Willenskundgebungen Gottes, ist Segen, mit ihrem Nichtbefolgen Fluch verbunden (5. Mose 28), d. h., das Tun bzw. Nichttun der Tora entscheidet über Heil oder Unheil.
- Schließlich: Wenn es am Anfang des Jesus Sirach-Buches heißt: »Vieles und Großes ist uns gegeben durch die Tora und die Propheten und die Schriften« (1,1), so ist hier - seit etwa 200 v. Chr. - jene uns aus dem Neuen Testament bekannte Dreiteilung des Alten Testamentes vorausgesetzt und Tora mit den fünf Büchern Mose (dem Pentateuch) identifiziert, die im übrigen auch das Eingangszitat vom »Zaun für die Tora« meinen dürfte. Jene Bücher bilden quasi die Zusammenfassung der göttlichen Lehre; ihnen kommt darum absolute Autorität zu.

Wichtig ist, daß Tora, verstanden als das je neu ergehende Gotteswort, nichts Gesetzlich-Statisches, sondern etwas Dynamisches bezeichnet: das Gebot des Lebens. Natürlich hat ihre Verschriftlichung zu einem objektivierenden Umgang mit ihr geführt. Um diese nunmehr fixierten Buchstaben für eine »strömende Wirklichkeit« lebendig zu erhalten (Robert Raphael Geis), bedurfte es der Fortschreibung und weiteren Auslegung der Tora in nachbiblischer Zeit. Während Christen vom »Alten« und »Neuen Testament« sprachen und damit der Tora eine negative Wertigkeit im Sinne von »veraltet, abgetan« bescheinigten, bemühten sich jüdische Ausleger gerade um ihre Anpassung an die Erfordernisse einer neuen Zeit. Dem vom Apostel Paulus gegen die Mose-Tora zielenden Satz: »Der Buchstabe tötet, aber der Geist macht lebendig« (2. Korinther 3,6) würde ein Jude entgegenhalten: »Wenn der Geist lebendig bleiben soll, muß auch der Buchstabe lebendig bleiben.« Der Buchstabe der göttlichen Tora ist notwendiges Gewand des Geistes.

Juden verstehen darum unter Tora mehr als nur die Fünf Bücher Mose oder das Alte Testament, nämlich: die Gesamtheit der jüdischen Tradition und Lehre, selbstverständlich den Talmud eingeschlossen, bis auf den heutigen Tag und in alle Zukunft. Sogar das erste Wort der Bibel, »am Anfang«, wird auf die Tora bezogen: Sie war der Anfang, das Schöpfungsprinzip überhaupt: Mittels ihrer hat Gott die Welt erschaffen und die Verbindung zwischen Schöpfer und Geschöpf erst möglich gemacht: »Mit der Tora schuf Gott Himmel und Erde.« Wie sie als kosmische Grundordnung schon vor der Welt existierte, wird sie auch unvergänglich bleiben: »Bis daß Himmel und Erde vergehen, wird nicht vergehen der kleinste Buchstabe noch ein Tüpfelchen von der Tora.« (Matthäus 5,18) Nach einer rabbinischen Aussage studiert Gott selbst täglich drei Stunden lang in der Tora (b AZ 3b).

Die eigentliche Offenbarung der Tora geschah natürlich laut Bibel erst an Mose auf dem Berg Sinai, wo sie zur Urkunde des Bundes zwischen Gott und seinem Volk Israel wurde. Die Rabbinen interpretieren folgendermaßen, was Mose dort empfangen haben soll: »Und der Herr sprach zu Mose: ›Steig zu mir herauf

auf den Berg, denn dort will ich dir geben die Steintafeln *und* die Tora *und* das Gebot, die ich geschrieben habe, um sie (die Israeliten) zu unterweisen.‹« (2. Mose 24,12) Mit den Steintafeln sind die Zehn Gebote, mit der Tora die fünf Mose-Bücher, mit dem Gebot die Mischna gemeint. Schließlich soll sich »die ich geschrieben habe« auf die Propheten und die übrigen alttestamentlichen Schriften und »um sie zu unterweisen« auf die Gemara beziehen. Die Begriffe »Mischna« und »Gemara« werden noch näher erklärt. Hier nur soviel: Mischna und Gemara bilden zusammen den Talmud.

Nach dieser Sicht empfängt also Mose auf dem Berg nicht bloß die beiden Gebotstafeln, sondern die Tora in ihrem allumfassenden Sinn, und zwar:

- den Pentateuch, den er bis auf die letzten acht Verse über seinen Tod (5. Mose 34,5-12) aufgrund jener Offenbarung schriftlich fixiert,
- die übrigen Bücher des Alten Testamentes, die er mündlich weiterüberliefert, bis sie dann zu ihrer Zeit schriftliche Gestalt gewinnen,
- den gesamten Talmud ebenfalls in mündlicher Fassung.

Ebenso sehen Juden in dem Einleitungssatz zu den Zehn Geboten, »Gott redete *alle* diese Worte« (2. Mose 20,1), schon die Mitteilung des Talmuds an Mose beinhaltet, ja »selbst das noch, was ein scharfsinniger Schüler vor seinem (Tora-)Lehrer [einst] vortragen wird« (p Pea II 4 [6], 17 a). Da die gesamte Tora vom Himmel stammt, gilt Mose nicht als Gesetzgeber, sondern als *der* Offenbarungsmittler und als »unser Lehrer«, was ihre autoritative Interpretation - minuziös und detailliert! - für alle späteren Generationen anbelangt. Eine fortschreitende Offenbarung wird nur insofern angenommen, als zwar alle Auslegung bis in fernste Zeiten auf der einen, nicht ergänzbaren Offenbarung vom Berg Sinai fußt, diese aber eben immer wieder zu Aktualisierung und neuer Entfaltung drängt. Diese Ausfaltung des ein für allemal abgeschlossenen Gotteswortes ist jedoch nichts anderes als Tora aus Gottes Mund von einst. Da die direkte Tora-Offenbarung ihren Niederschlag im Pentateuch gefunden hat, besitzt dieser nach jüdischem Verständnis gegenüber den anderen Büchern des

Alten Testaments höhere Autorität. Denn die Propheten empfangen die Tora nicht mehr wie Mose »von Mund zu Mund« (4. Mose 12,8), sondern besitzen lediglich den »Geist der Prophetie«, der ihnen die Tora weiter aufschließen hilft. Noch stärker ist menschliches und göttliches Element in den übrigen alttestamentlichen Schriften (Hagiographen) vermischt, weshalb über die Aufnahme einiger in den biblischen Kanon lange diskutiert wird. Die späteren Rabbinen schließlich hören ab und an bloß die *Bat Kol*, »Tochter der Stimme«, einen nicht immer verläßlichen Widerhall der Himmelsstimme. Mit dieser abnehmenden, direkten Offenbarungslinie soll um so stärker der Rückbezug auf das Wort vom Sinai betont werden.

Besser unterscheidet man zwischen *schriftlicher* und *mündlicher Tora* als einer zweifachen Offenbarung an Mose: Die schriftliche sind die fünf Bücher Mose sowie die prophetischen Bücher und die »Schriften«. Die mündliche ist ihre Weiterentfaltung, wie sie später in Gestalt der Mischna, des Talmuds und dessen Weiterkommentierungen in Mittelalter und Neuzeit niedergeschrieben wurde. Man kann auch das Verhältnis von schriftlicher und mündlicher Tora als das von Schrift und Tradition umreißen, wobei die Schrift das Statische (der »Buchstabe«), die Tradition aber das in der Praxis Bewährte und zugleich das Fließende, nach vorn Offene in den Zeitläuften ist.

Welche Konsequenz zeitigt die Annahme, daß die Tora insgesamt am Berg Sinai offenbart wurde? Eine Unterscheidung zwischen wichtigen und weniger wichtigen Geboten bzw. Verboten wäre unstatthaft. Juden akzentuieren darum äußerst zurückhaltend die Zehn Gebote. Zwar beinhalten sie die gesamte Tora, aber umgekehrt gilt: Die Tora beinhaltet unter anderem die Zehn Gebote. Möglicherweise war diese Ansicht auch bedingt durch die Abwehrhaltung gegenüber bestimmten (christlichen?) Gruppierungen, die die Zehn Gebote verabsolutierten und demgegenüber die kultischen und rituellen Bestimmungen der Tora ablehnten. Der gleiche Ursprung führt ferner zu einer prinzipiellen Gleichstellung der mündlichen mit der schriftlichen Tora, ja letztlich zur Überordnung der mündlichen, wird doch ihre Kenntnis zur unabdingbaren Voraussetzung eines sachgemäßen Um-

ganges mit der schriftlichen gemacht. Deshalb stellt der Talmud die Regel auf, man solle zweimal so viel Zeit dem Studium der mündlichen Tora wie dem der schriftlichen widmen (b Kid 30a). Die Problematik wird schon hier auf doppelte Weise deutlich: Natürlich weiß man um das allmähliche Wachstum jener sogenannten mündlichen Tora, hält aber doch an ihrem fiktiven Ursprung am Sinai fest. Und: Aufgrund der Höherbewertung der mündlichen tritt die schriftliche (biblische) Tora in den Hintergrund, was bereits die Rabbinen folgendermaßen kommentierten: »Die Gesetze über den Sabbat, die Festopfer und über die Veruntreuungen (d. h. dem Vergreifen an geheiligtem Gut) sind wie Berge, die an einem Haar hängen.« (M Chag I 8) Mit dem Haar ist ihre biblische Grundlage gemeint, von der sie sich längst wegentwickelt und verselbständigt haben.
Um die Liebe und um das Bekenntnis zur Tora dreht sich letztlich der ganze Talmud. Egal welches Thema gerade diskutiert wird, - immer finden sich dazwischen Worte der Wertschätzung der Tora. Abschließend einige Zitate: »Rabbi Jehoschua sagte: Wer die Tora studiert und sie vergißt, gleicht einer Frau, die gebiert und begräbt.« (b Sanh 99a) »R. Alexandri sagte: Wer sich mit der Tora um ihrer selbst willen befaßt, stiftet Frieden im oberen Kreise und im untern Kreise (d. h. im himmlischen und im irdischen Bereich). ... Resch Lakisch sagte: Wenn jemand den Sohn seines Genossen die Tora lehrt, so rechnet es ihm die Schrift (Bibel) an, als hätte er ihn erschaffen. ... R. Eli'ezer sagte: Als hätte er die Worte der Tora selbst erschaffen ... Raba sagte: Als hätte er sich selbst erschaffen« (b Sanh 99b), m. a. W.: Er ist an der Schöpfung mitbeteiligt und handelt praktisch an Gottes Stelle. Wer ununterbrochen Tora studiert, könnte im Prinzip gar nicht sterben, wie folgende Anekdote illustriert (b BM 86a): Rabba bar Nachmani war so sehr in sein Torastudium versunken, daß der Todesengel ihn nicht zu holen vermochte. Erst als draußen ein starker Wind das Gebüsch rascheln ließ, unterbrach Rabba, weil er meinte, es seien Krieger, und sprach: »Lieber mag meine Seele zur Ruhe einkehren (d. h., lieber will ich sterben) als in die Hand der [feindlichen] Regierung ausgeliefert zu werden.« Sein Wunsch wurde prompt erfüllt.

Aufgabe: Welches Toraverständnis vertreten Johannes 15,25; 5. Mose 17,18f.; Nehemia 8,1; Psalm 24,3f.? Erklären Sie folgenden Aufruf: »Errichtet einen Zaun um die [schriftliche] Tora!« (M Ab I 1)

4. Die 613 Gebote und Verbote der Tora

Die schriftliche Tora der fünf Mose-Bücher bedurfte von Anfang an einer mündlichen Erläuterung. Selbst wer nicht die rabbinische Auffassung, auch die mündliche Tora des späteren Talmuds sei bereits Mose kundgetan worden, teilt, wird einsehen, daß es schon in alttestamentlichen Tagen mündliche Ausformungen und Erläuterungen der Mose-Gebote gegeben haben muß. Unklarheiten über ihre Bedeutung oder Zweifel hinsichtlich ihres Geltungsbereiches wurden ausgeräumt; Detailerklärungen dienten der Präzisierung. Um erfüllbar und praktikabel zu bleiben, mußten die Bestimmungen aktualisiert werden. Man vergleiche nur unsere heutige Diskussion, ob sich das biblische Tötungsverbot auch auf Todesstrafe und die Tötung ungeborenen Lebens bezieht. Eine mündliche Auslegungstradition begleitete von vornherein die schriftliche Mose-Tora und legte damit die Wurzeln für den Talmud. Er bildet einen (nicht: den) Abschluß der über Jahrhunderte ständig anschwellenden Diskussion über die schriftliche Tora.

Die späteren Rabbinen entdeckten in den fünf Mose-Büchern 613 Vorschriften (*Mizwot*, »Pflichten«), nämlich »365 [Verbote], entsprechend den Tagen des Sonnenjahres, und 248 [Gebote], entsprechend [der Zahl] der Glieder des Menschen« (b Mak 23b), will sagen: Die Tora ist für jeden Tag, nicht bloß für Sabbat und Festzeiten, da und richtet sich nicht nur an den Intellekt, sondern verlangt den Einsatz des ganzen Menschen. Viele dieser *Mizwot* handeln vom Tempel, dem Opferdienst und den Aufgaben der Priester. Da seit dem Jahr 70 n. Chr. kein Heiligtum mehr existiert, können sie natürlich heute nicht praktiziert, wohl aber in Lehrhäusern debattiert werden. Doch andererseits betreffen viele *Mizwot* Speisegesetze, Sabbat- und Festbestimmungen,

Hochzeitsregeln, Schlachtungs- und Reinheitsvorschriften. Diese werden selbstverständlich bis zum heutigen Tag befolgt und müssen deshalb in möglichst jeder Einzelheit, allen Eventualitäten vorbeugend, situationsspezifisch entfaltet werden, um Zweifel und weitere Fragen möglichst auszuschalten. Nehmen wir z. B. die allererste Vorschrift: »Seid fruchtbar und mehret euch!« (1. Mose 1,28) Diese allgemeine Formulierung wirft zu klärende Probleme auf: Ist dies überhaupt ein Befehl oder ist es eine Segnung? Betrifft die Fortpflanzungspflicht Mann und Frau gleichermaßen? (Antwort: nein, nur den Mann) Wie viele Kinder sind erforderlich, um dieses Fortpflanzungsgebot zu erfüllen? (Antwort: ein Sohn und eine Tochter wegen 1. Mose 1,27: »... und schuf sie als [einen] Mann und [eine] Frau«) Was ist, wenn die Kinder sterben, und wie ist es mit dem Erbrecht bestellt, wenn gestorbene Kinder »nur« Mädchen hinterlassen? Außenstehende mögen dies als Spielerei oder kasuistische Tüftelei abtun, doch an der ernsten Absicht der Rabbinen, die Tora ins Leben zu übersetzen und sie durch diesen Auslegungszaun zu schützen, sollte nicht gezweifelt werden.

Wie oben erwähnt, sind all jene Gebote und Verbote gleichwertig und darum in gleicher Weise auf eine mündliche Entfaltung angelegt. So gilt das Gebot, Vater und Mutter zu ehren (2. Mose 20,12), als genauso bedeutend wie das Verbot, aus einem Nest die Vogelmutter zusammen mit ihren Jungen zu nehmen (5. Mose 22,6f.), zumal in beiden Fällen die Begründung identisch ist: »auf daß dir's wohlgehe und du lange lebest«. Wenn es heißt: »... so schlachte von deinen Rindern oder Schafen, ... wie ich (Gott) dir geboten habe« (5. Mose 12,21), so müssen nach traditioneller Sicht auch die rituellen Schlachtgesetze, in der Praxis des Schächtens angewandt, schon Mose mitgeteilt worden sein. Ebenso steckten die Rabbinen den konkreten Anwendungsbereich des Gebotes, »deinen Nächsten wie dich selbst« zu lieben (3. Mose 19,18), ab. Bekanntlich beantwortete Jesus die Frage eines Schriftgelehrten: »Wer ist denn mein Nächster?« mit dem Gleichnis vom barmherzigen Samariter (Lukas 10,29ff.).

Die Erweiterung der Mose-Tora ist zunächst bei den Propheten und in den übrigen Schriften des Alten Testamentes dokumen-

tiert. Beispielsweise schließt hier das generelle Arbeitsverbot am Sabbat (2. Mose 20,10) ausdrücklich das Verbot, Handel zu treiben, ein (Nehemia 10,32). Läßt sich dies als Verschärfung jenes Verbotes deuten, so scheint andererseits beim Propheten Jeremia eine Erleichterung eines weiteren Sabbatverbotes der Tora - »niemand verlasse seinen Wohnplatz am siebenten Tage« (2. Mose 16,29) - vorzuliegen, denn er unterbindet lediglich das Heraustragen von Lasten aus den Wohnungen (17,21f.). Wie dann im Talmud zu beobachten, dient demnach die mündliche Tora sowohl der Verstärkung der Tora-Bestimmungen, um ja keine Übertretung zu provozieren, als auch ihrer Abmilderung, um einen Freiraum zum Leben zu schaffen. Die zeitlich zwischen Altem Testament und Talmud entstandenen jüdischen Schriften verfolgen dasselbe doppelte Prinzip. Um beim Thema »Sabbat« zu bleiben: Das Buch der Jubiläen verbietet unter Androhung der Todesstrafe die Schiffahrt, den Krieg oder die Jagd am Sabbat (50,12), obwohl die Tora davon (noch) nicht spricht. Hingegen erlaubt das 1. Makkabäerbuch die Selbstverteidigung bei einem Angriff am Sabbat (2,29ff.). Es drohte die Gefahr des Untergangs des jüdischen Volkes. Gebote sind aber für das Leben gegeben!
Kurz zum zeitlichen Hintergrund: Die Konzentration auf die Tora erfolgte in den letzten vorchristlichen Jahrhunderten. Seit der sog. Babylonischen Gefangenschaft der Juden (587-538 v. Chr.) gab es keinen König und keinen Staat Israel mehr. Das Judentum wurde eine sogenannte Buchreligion und die biblische Tora zum religiösen Grundgesetz der Gemeinde erhoben. Sie stellte ein Einheitsband dar, diente der Selbstfindung und zugleich der Abgrenzung von anderen religiösen Richtungen und Einflüssen aus der heidnischen Diaspora. Die Fremdherrschaft der Perser, Griechen und dann der Römer ließ sich nur ertragen, indem man freiwillig das »Joch der Gebote« auf sich nahm (M Ber II 2). Die Bindung an Gott bedeutete eben keine Bürde, sondern die eigentliche Freiheit. »Wer das Joch der Tora auf sich nimmt, von dem entfernt man (d. h. Gott) das Joch [weltlicher] Herrschaft.« (M Ab III 5 [6]) Zwar hatten Juden mit dem Aufbau des zerstörten Tempels den Opferkult wiederaufgenommen, doch gab es längst im In- und Ausland Synagogen und damit opferlose

Gottesdienste mit Bibellesung, -auslegung und Gebet als dem »Opfer der Lippen«. Die Prophetie war erloschen bzw. von apokalyptischen Strömungen abgelöst worden. Die hebräische Bibel kam zu einem gewissen Abschluß. Jedermann konnte nunmehr selbst die ihm in schriftlicher Form zugängliche Tora studieren. »Tora-Frömmigkeit« hieß das Ideal, und besonderes Ansehen genossen die Schriftgelehrten als anerkannte Tora-Interpreten. »Jedem, der ein [einziges] Gebot *(Mizwa!)* erfüllt, erweist man Gutes und verlängert ihm seine Tage, und er erbt das Land [in messianischer Zeit].«(M Kid I 10) Es wurde jetzt wichtig, die mündliche Auslegungstradition zu bündeln, um sie vor dem Vergessen zu bewahren. Dies erfolgte zunächst in Gestalt der Mischna.

Aufgabe: Rabbinen fanden im Abschnitt 5. Mose 6,4-9 gleich sieben der 613 in der Tora befindlichen *Mizwot*. Versuchen Sie dasselbe!

5. Fremdwörter: Mischna - Baraita - Halacha - Haggada

»R. Jehuda b. Nachmani ... trug vor: Es heißt [in 2. Mose 34,27]: ›schreib dir diese Worte‹, und es heißt [dort wörtlich]: ›durch den Mund dieser Worte‹ (auf deutsch: ›aufgrund dieser Worte‹). Wie ist dies zu erklären? Die Worte der Schrift darfst du nicht mündlich vortragen, und die mündlichen Worte darfst du nicht niederschreiben.« (b Git 60b) Jener Rabbine aus dem 3. Jh. n. Chr. machte auf das Verbot, die mündliche Tora zu verschriftlichen, aufmerksam. Wäre es nach ihm gegangen, gäbe es heute keinen Talmud. Die schriftliche Fixierung der Tradition war ein gravierenderes Problem, als wir vielleicht meinen. Es existiert eben nur eine schriftliche Tora. Die mündliche Lehre sollte bewußt mündlich erhalten bleiben, um nicht mit der biblischen Tora - den heiligen Buchstaben - verwechselbar zu werden. Außerdem bestand ja die Flexibilität und Erweiterungsfähigkeit des »Zaunes um die Tora« gerade in ihrer mündlichen Fassung. Nur sie erlaubte Ausweitungen und Aktualisierungen. Im Tora-

unterricht wird bis heute das Memorieren, die ständige Wiederholung der Texte, großgeschrieben, aber nicht das Lesen. Trotzdem dürfte die Stoffmasse allmählich so umfangreich geworden sein, daß sich Lehrer bereits im ersten Jh. n. Chr. Privatsammlungen, »geheime (Schrift-)Rollen« genannt, anlegten. »Mündlich« bezog sich folglich nur auf die Weitergabe und Verbreitung der Lehre, also auf die Lehrmethode und - in unserer Begrifflichkeit - auf das Verbot, Raubkopien oder Vorlesungsmitschriften anzufertigen. Intern aber suchten Gelehrte nach einer systematischen Bewältigung der mündlichen Tora und nach einem Ausgleich von Widersprüchen, so daß gewiß keine große Selbstüberwindung nötig war, das Verbot ihrer Niederschrift fallenzulassen. Mag sein, daß auch die römische Besetzung des Landes oft die Lehrtätigkeit behinderte und man nicht zuletzt aus Gründen der Vorsicht kleinere Zusammenfassungen erstellte.
Immer wieder finden wir in Mischna und Talmud Hinweise auf schriftliche Vorstufen. So ist einmal von der Mischna des Rabbi Akiba (um 130 n. Chr.) die Rede, wobei es weiter heißt: »die ursprüngliche Mischna jedoch lautete [folgendermaßen] ...« (M Sanh III 4) Lag bereits diese »Urmischna« schriftlich vor? Auch erfahren wir von der Mischna des Rabbi Me'ir (Mitte des 2. Jh. s. n. Chr.): »R. Jochanan sagte, eine anonyme (d. h. ohne Namen überlieferte) Lehre in der Mischna sei von R. Me'ir.« (b Sanh 86a) In vielen Mischna-Traktaten läßt sich tatsächlich noch ein älterer Kern von späteren Wachstumsringen abheben. Jene früher als die Endfassung entstandene Schicht weist in manchen Fällen in das 1. Jh. n. Chr., sogar in die Tage vor der zweiten Tempelzerstörung im Jahr 70, zurück. Freilich läßt sich über ihren damaligen Verschriftlichungsgrad und thematische Geschlossenheit nur spekulieren. Ebenso bleibt es hypothetisch, aus Mischnabestimmungen etwa auf Sabbatverbote, den Ablauf des Passafestes oder auf das in Kraft befindliche jüdische Zivil- und Strafrecht in den Tagen Jesu (um das Jahr 30) rückschließen zu wollen.
Was aber bedeutet *Mischna* ? Es ist der Gegenbegriff zu *Mikra* , wörtlich: »das zu Lesende«, als Bezeichnung der Gesamtheit der (schriftlichen) Bibelbücher, kurz: der hebräischen Bibel.

Mischna meint demgegenüber:
– »das zu Wiederholende«, kurz: »die Wiederholung«, »das Lernen« der mündlichen Tora, bei der es auf Memorieren, Repetieren und Einprägen ankommt.
– Erst als Begriff für ein literarisches Werk bezeichnet *Mischna* die Gesamtheit des Traditionsstoffes, der die schriftliche Tora ergänzt, soweit er bis Ende des 2. Jh. n. Chr. vorlag. Hier: Nicht Lernmethode, sondern -inhalt!
– Schließlich kann man mit *Mischna* auch den einzelnen Lehrsatz (Mehrzahl: *Mischnajot*) benennen, womit der Begriff dekkungsgleich mit *Halacha* wäre (siehe unten).
Die Mischna gilt als Lehrbuch des frühen Rabbinismus und fand Anfang des 3. Jh. n. Chr. ihren Abschluß durch die »Endredaktion« des Rabbi Jehuda ha-Nasi. Er konnte dabei auf die erwähnten Sammlungen von Rabbi Akiba und Rabbi Me'ir zurückgreifen sowie weiteres alte Material berücksichtigen. Deshalb dürfte die Entstehungszeit »unserer Mischna«, wie man sie zwecks Unterscheidung von anderen Sammlungen tituliert, etwa vom Anfang des 2. Jh. v. Chr. bis 200 n. Chr. reichen. Daß diese erste schriftliche Zusammenfassung der kompletten mündlichen Tora allgemeingültige Norm wurde und fast dasselbe Ansehen wie die biblischen Bücher erlangte, ist besagtem Rabbi Jehuda zu verdanken. Eben weil er Entscheidungen ganz verschiedener Lehrhäuser und Schulen aneinanderreihte ohne die Absicht, deren Meinungen zu harmonisieren oder gar mit der seinigen zu kontrastieren, konnte er mit breiter Zustimmung selbst außerhalb des Israellandes rechnen. Die Mischna bildete somit einen Katalog vieler Einzelansichten, aber kein normatives Endprodukt, sondern gab nur einen vorläufigen Status quo wieder. Sie bedurfte der Verbesserung, Ergänzung und Weiterentwicklung. Doch wirkte Rabbi Jehuda insofern autoritativ, als für alle spätere Zeit Lehrsätze, die er nicht berücksichtigte, zwar anderweitig gesammelt, aber als zweitrangig angesehen wurden. Gegenüber den einzelnen *Mischnajot* (Mischnabestimmungen) nennt man diese sekundären Sätze, die keine Aufnahme in die Mischna fanden und die uns zu einem Teil im Talmud begegnen, *Baraitot* (»draußen befindliche« Lehren).

Überspitzt: »Eine *Baraita* lehrt das Gegenteil [einer *Mischna*].« (b Suk 19b)

Hinsichtlich der Form unterscheidet man in der Mischna selbst zwischen *Halacha* (Mehrzahl: *Halachot*) und *Haggada/Aggada* (Mehrzahl: *Haggadot*). *Halacha*, der »Wandel«, die »Wegweisung«, ist die religiöse und juristische Norm. »Warum wandeln deine Jünger nicht nach den Satzungen der Ältesten?« (Markus 7,5) *Halachot* (oder: *Mischnajot*) enthalten darum die verpflichtenden Lehren, die Rechtssätze und Rechtsentscheidungen der mündlichen Tora, die den Glaubens- und Lebensvollzug regeln wollen.

- Aus der Mose-Tora unmittelbar abgeleitete Halachot - etwa die Entfaltung der 613 *Mizwot* -, wie sie Christen erwarten, sind in der Mischna selten.
- Stattdessen finden wir meist unabhängig von der Mose-Tora entstandene *Halachot*, d. h. rein rabbinische Vorschriften, hergeleitet aufgrund logischer Schlußfolgerungen oder durch Mehrheitsentscheid, ohne biblische Grundlage. Beispiel: »Dieses sind die Arbeiten, die die Frau für ihren Mann tun muß: Sie muß [Getreide] mahlen, [Brot] backen, waschen, kochen, ihr Kind säugen, ihm das Bett machen und in Wolle arbeiten.« (M Ket V 5)
- Viele *Halachot* sind zwar auch unabhängig von der Mose-Tora entstanden, doch nachträglich mit einem Schriftwort begründet worden, um im Einklang mit ihr zu bleiben bzw. dadurch Anerkennung zu finden. Beispiel: »Ist der Prozeß (mit dem Todesurteil) beendet, so führt man ihn (den Verurteilten) hinaus, um ihn zu steinigen ... Denn es heißt [3. Mose 24,14]: ›Führe den Flucher aus dem Lager hinaus.‹« (M Sanh VI 1) Unter dem »Lager (der Israeliten)« verstand man in jenen Tagen das Jerusalemer Stadtgebiet. - Daß die meisten *Halachot* kein biblisches Fundament haben, weiß auch die Mischna: »wenig Schrift (*Mikra*) und viele *Halachot*« (M Chag I 8).

Haggada, »Erzählung«, »Predigt«, umfaßt alle nicht-»gesetzlichen« Stücke. »Und du sollst deinem Sohn an jenem Tage erzählen ...« (2. Mose 13,8) *Haggadot* beinhalten darum ethisch-moralische Lehren, Erzählungen über die Geschichte und Personen, Weisheitssprüche und Beispielhaftes. Sie sind nicht bindend, allenfalls erbaulich-illustrativ. Neben bestimmte Bibelstellen auslegenden *Haggadot* gibt es dogmatische, die sich Gedanken machen über Gott und den Messias, über Tod, Auferstehung und Gericht. Beispiel: »Ganz Israel hat einen Anteil an der zukünftigen Welt, denn es heißt [Jesaja 60,21]: ›Dein Volk besteht aus lauter Gerechten ...‹« (M Sanh X 1) Wir finden ferner mystische *Haggadot*, die sich mit der Engel- und Dämonenlehre, mit Traumdeutungen oder astrologischen Berechnungen beschäftigen, schließlich auch historische *Haggadot*. Beispiel: »Rabban Schim'on ben Gamli'el sagt ...: ›Seit dem Tag, an dem der Tempel zerstört wurde, gibt es keinen Tag, an dem es nicht einen Fluch gäbe, und der Tau kommt nicht zum Segen herab, und der Geschmack wurde von den Früchten genommen.‹« (M Sot IX 12)

Halacha und Haggada sind keine Gegensätze, sondern ergänzen einander. Erstere ist das Gegebene, von Gott Gesetzte, Objektive, Belehrende. Letztere ist das konkret Gewordene, aufgrund menschlicher Weisheit und Erfahrung Erworbene, Subjektive, Lehrreiche. *Haggadot* bilden den theologischen und menschlichen Freiraum für Gedankenflüge, Spekulation und Auslegung. »Halacha ohne Aggada ist die Marschroute, erst durch die Aggada wird Halacha zum Lebensweg.« (Eli L. Berkovits: Was ist der Talmud?) Ein Beispiel für das Ineinanderfließen von Halacha und Haggada: In Kriminalprozessen werden Zeugen vor ihrer Aussage ausdrücklich verwarnt, denn durch sie kann es zur Hinrichtung des Angeklagten kommen. Bei dem, der eine Falschaussage macht, »ist sein Blut und das Blut seiner Nachkommen von ihm abhängig bis ans Ende der Welt (d.h., der falsche Zeuge wird hingerichtet, wodurch auch mögliche Nachkommen vernichtet werden). Denn so haben wir es bei Kain, der seinen Bruder erschlug, gefunden, denn es heißt [1. Mose 4,10]: ›Die Stimme der Blute (im Deutschen nicht gebräuchliche Mehrzahl von »Blut«) deines Bruders [schreit ...].‹ Er sagt nicht: ›Blut deines Bruders‹, sondern ›Blute deines Bruders‹, (was eben meint:) sein Blut und das Blut seiner [möglichen] Nachkommenschaft. ... Deshalb wurde [zunächst] nur ein einzelner Mensch in der Welt erschaffen, um dich zu lehren, daß - wenn jemand ein einziges

Menschenleben vernichtet - dies ihm angerechnet wird, als habe er eine volle Welt vernichtet. Aber jedem, der [auch nur] ein einziges Menschenleben erhält, wird es angerechnet, als habe er eine volle Welt erhalten.« (M Sanh IV 5) An die mit einem Torawort begründete Halacha betreff Zeugenvermahnung schließt eine ethische Haggada nahtlos an.

Während in der Mischna deutlich der halachische Stoff überwiegt, besteht der Talmud weit mehr aus haggadischen Erläuterungen. Dort werden wir die von vielen als Inbegriff des Talmuds verstandenen rabbinischen Anekdoten finden. Fast nur Halacha enthält lediglich der Mischna-Traktat *Edujot*, »Zeugnisse (späterer Rabbinen über Lehren älterer Meister)«, bloß Haggada der Mischna-Traktat *Abot*, »(Sentenzen der rabbinischen) Väter«.

Aufgabe: Interpretieren Sie folgende Halacha und Haggada: »Wer eine [Getreide-]Mühle pfändet, begeht ein Verbot und ist wegen zweier Geräte schuldig, denn es heißt [5. Mose 24,6]: ›Man darf nicht Mühle samt Mahlstein pfänden.‹ Und dieses [Verbot] betrifft nicht nur Mühle und Mahlstein, sondern jedes Ding, mit dem man Lebensmittel herstellt, denn es heißt [an der gleichen Stelle]: ›denn man würde [damit sonst] das Leben pfänden.‹« (M BM IX 13) - »Auch sah er (Hillel) [einmal] einen Schädel, der auf dem Wasser trieb. Er sprach zu ihm: ›Weil du ertränkt hast, haben sie dich ertränkt. Doch schließlich werden, die dich ertränkt haben, ertränkt werden.‹« (M Ab II 6 [7])

6. Überleben des kultischen Untergangs

Ehe eine Inhaltsübersicht der Mischna gegeben wird, muß der historische Rahmen, der ihre Entwicklung förderte - vor allem der herbe Einschnitt, den das Jahr 70 n. Chr. bedeutete -, gewürdigt werden. Nur auf jenem Hintergrund lassen sich dann auch viele der uns vielleicht befremdenden Themen der Mischna verstehen. In christlicher Wertung brach mit der Zerstörung des Tempels durch Römerhand im Jahr 70 das Fundament der jüdischen Religion, nämlich der Tieropferkult, zusammen. Die geistige Führerschaft stand vor der Wahl, entweder Jesus als den gekommenen Messias anzuerkennen, was sie aber nicht tat, oder eine völlig neue Religion, ohne Tempel, zu begründen. Dieses rabbinische Judentum war also in den Augen der ersten Christen keine Fortsetzung der alttestamentlichen Religion mehr, sondern reine Menschensache. M. a. W., einzig der Glaube an Jesus als Erfüllung der prophetischen Verheißungen des Alten Testamentes hat ungebrochen jene Tage überstanden und stellt darum allein die Kontinuität dar.

Diese These ist nicht haltbar. Die jüdische Religion konnte die Zäsur des Jahres 70 deshalb überleben, weil sie schon bisher ohne Tempelkult leben konnte. Die opferlose Form des Synagogengottesdienstes - übrigens eine Neuheit in der Antike! - war längst im In- und Ausland gang und gäbe. Man denke nur an Jesus, der vierzig Jahre vorher »nach seiner Gewohnheit am Sabbattag in die Synagoge« ging (Lukas 4,16). Eine Synagoge ist zudem kein heiliges Haus, sondern das jüdische Rathaus, vor allem das Lehrhaus, die »Schul«. Sie bewahrte nicht nur die religiöse Tradition, indem sie sich als Keimzelle des Gottesreiches verstand, sondern förderte und erneuerte auch das jüdische Gemeinwesen. Zusammen mit ihr führte die Tora(auslegung) das Judentum zu neuer Identität. Sie bildete die Verfassung des seiner Stadt und seines Staates beraubten Volkes und zugleich das innere, geistige Zentrum, das Juden auch im Exil, in der Diaspora, nicht verlieren konnten. Mit der Abkehr von apokalyptischen Spekulationen, das Ende aller Tage stehe unmittelbar bevor, nahm nunmehr das Torastudium die Mitte jüdischen Lebens ein und ließ die Römerherrschaft ertragen. »Rab, nach anderen R. Schemuel b. Martha, sagte: ›Das Studium der Tora ist bedeutender als der Bau des Tempels.‹« (b Meg 16b) Das Römerjoch und Jerusalems Untergang wurden als Strafgericht Gottes für die Sünden des Volkes verstanden. Dies belegen Antworten auf die Frage nach dem Warum: »Jerusalem wurde nur deshalb zerstört, weil man da den Sabbat entweihte ..., weil man da die Schulkinder [vom Unterricht] fernhielt, ... weil es da an gegenseitiger Schamhaftigkeit fehlte, ... weil sich da Klein und Groß ebenbürtig dünkten, ... weil man da die Schriftgelehrten mißachtete.« (b Schab 119b)

Nur Bußgesinnung und Trauer hätten sicher zur Selbstauflösung geführt, wenn man nicht auch als Gebot der Stunde erkannt hätte, die Erinnerung lebendig zu erhalten. Dies geschah in der Mischna, die sich auf die veränderte Zeitsituation einzustellen und einem gewandelten Welt- und Wirklichkeitsverständnis Rechnung zu tragen suchte. Wie lassen sich *jetzt* die Tora-Gebote leben? fragte sie. Wo eine praktische Ausführung nicht mehr möglich war, nahm sie als gleichwertigen Ersatz die theoretische Beschäftigung, das Studium jener Bestimmungen. Dies erklärt beispielsweise, daß viele Mischna-Traktate Tempeldinge wie Opfer- und Reinheitsgebote erörtern, obwohl es das Heiligtum ja nicht mehr gab. Darin spiegelte sich ebenfalls die Verarbeitung des Tempelverlustes wider: »[Bei Maleachi 1,11 heißt es:] ›An jedem Ort wird geräuchert, dargebracht meinem Namen [eine reine Opfergabe].‹ An jedem Ort, wieso dies? R. Schemuel b. Nachmani erwiderte im Namen R. Jonatans: Das sind die Schriftgelehrten, die sich an jedem Ort mit der Tora befassen. Ich (Gott) rechne es ihnen an, als würden sie mir räuchern und Opfer darbringen. Eine reine Opfergabe: Das bezieht sich auf den, der die Tora in Reinheit studiert.« Den Schriftgelehrten, die sich den Vorschriften über den Opferdienst widmen, wird dies angerechnet, »als würde der Tempel in ihren Tagen neu erbaut worden sein«. (b Men 110a)

Aber auch das Volk insgesamt sollte nun so leben, als gäbe es das Heiligtum noch. Ganz Israel ist heilig, war der Grundsatz. Anliegen der Mischnalehrer war die Heiligung des Alltages. Die

Reinheit des häuslichen Lebens galt ihnen als entscheidender Opferersatz, weshalb sie die entsprechenden Tora-Gebote - z. B. die Regeln für Menstruierende, für Samenerguß oder hinsichtlich der Unreinheit von Leichen - weiter entwickelten. Was zuvor die Priester am kultischen Mittelpunkt, andererseits die pharisäischen Gruppen im ganzen Land praktizierten, wurde jetzt Gebot für alle, die ein geheiligtes Leben führen wollten. Dies bedeutete eine Demokratisierung der Religion: »Ihr (Israeliten) sollt mir ein Königreich von Priestern sein.« (2. Mose 19,6) Jeder kann die Tora erfüllen. An die Stelle des heiligen Ortes trat die heilige Gemeinschaft, der »heilige« Mensch. Der häusliche Tisch wurde zum Altarersatz und dort Heiligkeit mittels kultisch reiner Speisen und Getränke gelebt. Statt des Priesters befand die Hausfrau über die Reinheit geschlachteter Tiere. Sie übte durch ihr monatliches Tauchbad die bis dato an den Tempel gebundenen Reinheitsvorschriften weiter aus. Wie ein Unreiner nicht hatte den Tempel betreten dürfen, so nahm er auch nicht an der Tischgemeinschaft teil. Kultische Reinheit: die Definition für das wahre Israel!

Vielleicht erscheint manchem jenes Denken befremdlich. Es mag so aussehen, als würden nur zweitrangige Probleme diskutiert und alte Bräuche in veränderter Gestalt künstlich am Leben erhalten. Doch nur so ließ sich der »kultische Untergang« des Jahres 70 verwinden und führte zur Geburtsstunde des rabbinischen Judentums. Nicht Geschichtslosigkeit ist darum der Mischna zu bescheinigen, eher Zeitlosigkeit im Blick auf den Umgang mit den überkommenen Tora-Worten. Wenn christliche Ausleger vielen *Halachot* »nur noch den Wert wehmütiger Reminiszenzen an vergangene, bessere Tage« bescheinigen und sie allenfalls als »ein Stück theologisch-juristischer Schulübung« werten (Walter Windfuhr: Horajot), so verkennen sie gerade das dahinter stehende Anliegen der Rabbinen, ausnahmslos alle Weisungen Gottes bis ins letzte Detail und bis in alle Zukunft befolgen zu wollen.

Aufgabe: Lesen Sie 3. Mose 12 und 15,19! Erklären Sie dann folgende *Halacha*: »[Eine Frau,] die am 40. Tag [nach der Befruchtung] abortiert, braucht keine Geburt zu berücksichtigen. Falls am 41. Tag [und später], so sitze (d. h. befolge) sie [die in der Tora genannten Tage] für einen Knaben und für ein Mädchen und für die Menstruation [im Falle einer weiteren Blutung]. R. Jischma'el sagt: [Falls] am 41. Tag, so sitze sie [in Unreinheit ihre Zeit] wie bei einem Knaben und als Menstruierende. [Falls] am 81. Tag, so sitze sie [in Unreinheit ihre Zeit] für einen Knaben und für ein Mädchen und als Menstruierende. Denn ein Knabe ist mit 41 Tagen ausgebildet, aber ein Mädchen [erst] mit 81 Tagen. Die Weisen [hingegen] sagen: Einerlei, die Bildung des Knaben wie Mädchens beträgt jeweils 41 Tage.« (M Nid III 7)

7. Streifzug durch die sechs Mischna-Ordnungen

Trotz der hier nur in knapper Form möglichen Gliederung werden wir schnell feststellen, daß in der Mischna keineswegs nur ein Religionsbuch vorliegt, sondern daß kaum voneinander abgehoben Kult- wie Zivilgesetze stehen, die Wirtschaftsethik zur Entfaltung kommt, medizinische und hygienische Ratschläge erteilt werden, Gesellschaftsfragen Platz greifen, astronomische und physikalische Betrachtungen einfließen, aber auch philosophische Ansätze, hochfliegende Poesie und nüchterne Auslegung neben innigen Gebeten zu finden sind. Die Mischna weiß über das ideale Familienleben genauso Bescheid wie über die prozessualen Vollzüge aufgrund eines gestörten Miteinanders, informiert in derselben Weise über ganz irdische Reinheitsfragen wie über die Tatsache des ewigen Lebens. Es versteht sich von selbst, daß dieses Material nicht nur aus schriftgelehrten Studien erwachsen sein kann. Vielmehr haben dazu sicher auch Priester, Tempelbeamte und Richter Stoff beigetragen. So mögen die Traktate über das Schlacht- oder Speiseopfer am Tempel unter Rückgriff auf priesterliche Quellen, hingegen die Traktate über die Befugnisse der Gerichtshöfe oder über die Prügelstrafe aus richterlichen Ordnungen erwachsen sein. Vor allem die Volksüberlieferung und lokale Gepflogenheiten fanden Berücksichtigung. Beispielsweise stritten einmal die Schriftgelehrten Hillel und Schammai über die Menge geschöpften Wassers, welche ein rituelles Tauchbad (*Mikwe*), das »lebendes«, d. h. Quell- oder Regenwasser enthalten muß, untauglich macht. Beide bekamen nicht recht. Die Gelehrten folgten stattdessen den beglaubigten Angaben von zwei Webern (M Ed I 3).

Wenn wir trotz der Aufteilung der umfangreichen Materie in Traktate oft einen Mangel an Systematik und straffer Gliederung erkennen, so beruht dieser einerseits auf der erwähnten Redaktionsarbeit von Rabbi Jehuda ha-Nasi. Zum anderen gilt zu berücksichtigen, daß sich Mischna wie Talmud als mündliche Lehre, nicht als Buch verstehen. Ein lebendiges Gespräch kann man aber nicht reglementieren. Wiederholungen oder Abschweifungen vom Thema sind deshalb nur zu verständlich. Jeder einzelne Traktat beinhaltet letztlich die gesamte Mischnalehre im kleinen.

Immerhin wurden zwecks einer einigermaßen systematischen Einteilung Hauptthemengruppen, nämlich *sechs Ordnungen* (*Sedarim*; Einzahl: *Seder*), gebildet, die den allumfassenden Geltungsbereich der Tora veranschaulichen. Die Reihenfolge soll von R. Schim'on ben Lakisch (3. Jh. n. Chr.) nach dem Bibelvers Jesaja 33,6 gewählt worden sein (b Schab 31a): »›Und Glaube wird zu deiner Zeit sein, Macht, Heil, Weisheit und Erkenntnis...‹. Glaube, das ist die Ordnung ›Saaten‹; Zeit, das ist die Ordnung ›Festzeit‹; Macht, das ist die Ordnung ›Frauen‹; Heil, das ist die Ordnung ›Schädigungen‹; Weisheit, das ist die Ordnung ›Heiligkeiten‹; Erkenntnis, das ist die Ordnung ›Reinheiten‹.« Jede Ordnung umfaßt zwischen sieben und zwölf Traktate, insgesamt 63. Wahrscheinlich waren es ursprünglich genau 60, da die ersten drei der vierten Ordnung, nämlich die *Babot* (siehe unten), ebenso zusammengehören wie die beiden dort folgenden über den Hohen Gerichtshof und die Verhängung der Prügelstrafe. Ihre Trennung erfolgte zwecks besserer Überschaubarkeit und Handhabbarkeit. Das hebräische Wort für »Traktat«

- *Masechet*, Mehrzahl: *Masechtot* - bedeutet eigentlich »Gewebe« und läßt an ein vielfarbiges, üppiges Webmuster denken. Die Titel der Traktate nehmen entweder Bezug auf die in ihnen verhandelte Thematik - z. B. *Nega'im*, »Plagen«, auf die verschiedenen Arten des Aussatzes und auf die Reinigung eines Aussätzigen - oder greifen das erste Textwort auf, z. B. *Beza*, »Ei«, weil es zunächst ausführlich um die Frage geht, ob ein von einer Henne am Sabbat oder Festtag gelegtes Ei gegessen werden darf; demgegenüber ist der Name *Jom tob*, »Festtag«, für jenen Traktat zutreffender, doch weniger gebräuchlich. Jeder Traktat ist wiederum in eine bestimmte Zahl von Kapiteln (*Perek*, Mehrzahl: *Perakim*) untergliedert, insgesamt 523. Sie tragen keine eigenen Überschriften, sondern werden in Talmudausgaben allenfalls nach dem ersten Wort oder den ersten Worten zitiert (vgl. unsere Lieder, die nach den Anfangsworten benannt werden), z. B. »Wie brät man« ist der Anfang von Kapitel 7 des Traktates *Pesachim*, »Passaopfer«, das von der Zubereitung des Passalammes spricht. Die Kapitel enthalten sodann die einzelnen Paragraphen oder Lehrsätze (*Mischnajot/Halachot*). Prinzipiell sind die Traktate in den sechs Ordnungen nach ihrem Umfang, also nach abnehmender Gesamtkapitelzahl, geordnet (vgl. die Anordnung der Koransuren). Deshalb finden wir etwa den Traktat »Scheidebriefe« vor und nicht hinter dem, der von der Verlobung handelt. Eine Rangreihenfolge hinsichtlich ihrer Wertigkeit scheint dagegen nicht beabsichtigt zu sein, was offenbar Anlaß für die Bemerkung war: »In der Mischna gibt es keine Reihenfolge.« (b BK 102a) Man zitiert die Mischna nach Traktat, Kapitel- und Lehrsatzzahl. Beispiel: M Nid V 3 bedeutet: Mischnatraktat *Nidda*, »Unreinheit (der Frau)«, Kapitel 5, *Halacha* 3.

Erste Ordnung: Zera'im (»Saaten«) mit 11 Traktaten und 74 Kapiteln enthält die landwirtschaftlichen Bestimmungen, die im Land Israel gelten, vor allem die Abgabenordnung für die Bodenprodukte und die den Priestern zustehenden Anteile. Es ist vom Sabbat- oder Brachjahr, das auch dem Schuldenerlaß dient, die Rede, vom Abliefern des Zehnten (der Früchte), von der Ackerecke, die nicht abgeerntet werden darf, sondern den Armen zusteht, oder vom Verbot, die Früchte eines neugepflanzten Baumes in den ersten vier Jahren zu essen. Nur der erste Traktat scheint der gesamten Mischna vorangestellt worden zu sein und fällt deshalb aus dem Rahmen: *Berachot*, »Segenssprüche«, diskutiert die täglichen Gebetszeiten und die jüdischen Hauptgebete.

Zweite Ordnung: Mo'ed (»Festzeit«) mit 12 Traktaten und 88 Kapiteln behandelt die Feste des jüdischen Kalenders einschließlich der Begehung des Sabbats. Wir erfahren den Ablauf des Passa- und Laubhüttenfestes, lernen die Verbote für den Versöhnungstag (*Jom Kippur*) und seine einstige Feier am Tempel kennen oder hören vom korrekten Lesen der Ester-Buchrolle anläßlich des Purim-Festes. Sondertraktate in dieser Ordnung sind *Schekalim* »Schekel«/»Silbermünzen«, wo es um die Sammlung und Ablieferung der Halbschekelsteuer für den Tempel geht, und *Ta'anit*, »Fasten«, der sich um die Bitten um Regen und um das gemeinsame Fastritual dreht.

Dritte Ordnung: Naschim (»Frauen«) mit sieben Traktaten und 71 Kapiteln konzentriert sich auf ehe- und familienrechtliche Belange. Hier stehen die Bestimmungen für Verlobung, Ausstellung der Hochzeitsurkunde, Abfassung des Scheidebriefes, für die Behandlung des Ehebruchs verdächtiger Frauen und kinderloser Witwen, die früher den Bruder des Verstorbenen heiraten mußten (Schwagerehe), die in orthodoxen Kreisen bis heute beachtet werden. Zwei Sondertraktate sind *Nedarim*, «Gelübde«, der sich mit der Form und der Aufhebung von Gelübden, insbesondere der der Frau oder Tochter, auseinandersetzt, und *Nazir*, »Nasiräer«, der speziell die Gelübde und die Lebensweise von auf Zeit Gottgeweihten behandelt.

Vierte Ordnung: Nezikin (»Beschädigungen«/»strafbare Delikte«) mit zehn Traktaten und 73 Kapiteln umfaßt den Männerbereich des Zivil- und Strafrechtes. So decken die heute gern weiterdiskutierten drei *Babot*, »Pforten«, zivilrechtliche Belange wie Schadenshaftung, Ersatz bei Diebstahl, Körperverletzung, Unterschlagung, das Fund-, Handels-, Miet-, Immobilien- und Erbrecht ab. Den Ablauf von Zivil- und Strafprozessen sowie die Vollstreckung der Todes- und Prügelstrafe halten *Sanhedrin*,

»Hoher Rat«, und *Makkot*, »Schläge«, fest. Zu den Sondertraktaten dieser Ordnung zählen *Edujot*, »Zeugnisse«, eine Sammlung halachischer Entscheidungen, *Aboda Zara*, »Götzendienst«, der letztlich das schwierige Verhältnis zwischen Juden und Nichtjuden thematisiert und woraus Judenfeinde gern ihre Argumente bezogen, sowie *Abot*, »(Sprüche der) Väter«, eine Sentenzensammlung der berühmten Rabbinen - im Grunde ein einziger Lobpreis der Tora und ihres Studiums. Verständlicherweise erfreut sich gerade dieser Traktat wegen seiner zeitlosen und universal gültigen Worte großer Bekanntheit in christlichen Kreisen, ist aber im Blick auf die Gesamtmischna untypisch.

Fünfte Ordnung: Kodaschim (»Heiligkeiten«) mit elf Traktaten und 91 Kapiteln widmet sich den Opfervorschriften am einstigen Tempel, der in *Middot*, »Maße«, genau beschrieben wird. Wir finden folglich hier die Anweisungen für die Darbringung des Schlacht-, Speis-, Brand- und Vogelopfers, werden eingeführt in die Praxis des Schächtens, in den Umgang mit der Erstgeburt bei Vieh und Mensch sowie in die Problematik des fehlerhaften und vertauschten Opfertieres. Interessanterweise beschäftigen sich heute viele Institutionen für fortgeschrittene talmudische Studien gerade mit diesem Teil der Mischna, weil sie damit die Hoffnung auf eine baldige Wiedererrichtung des Tempels beflügeln. Gelehrte, die sich mit den *Halachot* des Tempeldienstes befassen, werden von der Schrift erachtet, als ob in ihren Tagen der Tempel wiederaufgebaut worden wäre. Nur der Traktat *Keritot*, »Ausrottungen«, der die bei vorsätzlich - doch ohne Verwarnung - begangenen Sünden fällige Ausrottungsstrafe (plötzlicher Tod im Alter zwischen 20 und 50 Jahren) thematisiert, sprengt den Rahmen dieser Ordnung.

Sechste Ordnung: Toharot (»Reinheiten«) mit 12 Traktaten und 126 Kapiteln beinhaltet die kultisch-rituellen Reinheitsvorschriften. Es werden verschiedene Grade und Zeiten von Unreinheit unterschieden, Beseitigungsmöglichkeiten aufgezeigt und vor den Verunreinigungsquellen gewarnt. Besonders auf die Unreinheit von Geräten (Herde, Gefäße, aber auch Kleider, Felle) wird das Augenmerk gerichtet. In einem Traktat findet die Reinheit der Hände genauso Würdigung (*Jadajim*) wie in einem anderen

die Problematik der Geschlechtskrankheiten (*Zabim*, »die mit unreinem Ausfluß Behafteten«), Hautkrankheiten (*Nega'im*, »Plagen [des Aussatzes]«) oder der Menstruation (*Nidda*, »Unreinheit [der Frau]«). Auch der Traktat *Para*, »Rote Kuh«, der die Herstellung eines Reinigungswassers aus der Asche jener Kuh beschreibt, gehört in diese Rubrik. Das Ende von *Kelim*, »Geräte«, formuliert das gesamte Anliegen: »Heil dir [Traktat von den] Geräten: Mit Unreinheit bist du hereingekommen, aber du gehst hinaus mit Reinheit.« (M Kel XXX 4)
Die innere Zusammengehörigkeit aller sechs Ordnungen mag folgende Einteilung verdeutlichen (nach Eli L. Berkovits: Was ist der Talmud?): Der Mensch und seine Erde (I), der Mensch und seine Zeit (II), der Mensch in der Familie (III), der Mensch in der Gesellschaft (IV), der Mensch vor dem Heiligen (V), der Mensch und seine Heiligung (VI). Keine dieser Ordnungen ist für einen frommen Juden von minderer Bedeutung, auch wenn er beispielsweise außerhalb Israels die Anweisungen der ersten und seit dem Jahr 70 die der fünften und sechsten nur beschränkt befolgen kann. Doch der große jüdische Philosoph Maimonides meinte: Jeder, der sich mit *Seder* V auseinandersetzt, ist, als ob er selber Brand-, Speis- oder Sündopfer darbringen würde. Selbst in talmudischer Zeit stritt man: »R. Jehuda sagte: Wer ein Frommer sein will, halte die Worte von den Schädigungen. Raba sagte: [Nein, sondern] die Worte [des Traktates ›Sprüche] der Väter‹. Manche sagen: [vielmehr] die Worte von [dem Traktat] ›Segenssprüche‹.« (b BK 30a) Gläubige Juden befleißigen sich des Selbstzeugnisses von R. Chija über ein Leben für die Tora: »Ich sorge dafür, daß die Tora in Israel nicht in Vergessenheit gerät. Ich tue folgendes: Ich baue Flachs an und flechte [daraus] Netze. Dann fange ich [damit] Hirsche und gebe das Fleisch den Waisen zu essen und fertige [aus den Häuten Pergament-]Rollen, auf die ich die fünf Bücher Mose schreibe. Daraufhin gehe ich in die Stadt, lese mit fünf Kindern die fünf Bücher Mose, lehre sechs Kinder die sechs Ordnungen [der Mischna] und sage dann zu ihnen: Bis ich zurückkomme, lest miteinander die Schrift und lehrt einander die Mischna! So wirke ich, daß die Tora in Israel nicht in Vergessenheit gerät.« (b BM 85b)

Aufgabe: In welchen Ordnungen finden Sie die Diskussion genannter Torastücke: 2. Mose 29,38ff.; 3. Mose 22,1ff.; 23,39ff.; 5. Mose 22,9-11? Erklären Sie folgende Halacha und Haggada und weisen Sie sie ebenfalls je dem entsprechenden Seder zu: »Vier Jahresanfänge gibt es: Am ersten [Tag des Monats] Nisan ist Neujahr für die Könige und die Feste. Am ersten [Tag des Monats] Elul ist Neujahr für den Viehzehnten. ... Am ersten [Tag des Monats] Tischri ist Neujahr für die [Kalender-]Jahre und für die Sabbatjahre [3. Mose 25,1-7] und Erlaßjahre [3. Mose 25,8ff.] ... Am ersten [Tag des Monats] Schebat ist Neujahr für den Baum nach den Worten der Schule Schammais. Die Schule Hillels [hingegen] sagt: am 15. jenes [Monats].« (M RH I 1) - »Jeder, der beruflich mit Frauen zu tun hat, sei nicht mit Frauen allein! Auch lehre ein Mensch seinen Sohn kein Frauenhandwerk. Rabbi Me'ir sagt: Stets lehre ein Mensch seinen Sohn ein sauberes und leichtes Handwerk ... Rabbi Nehorai sagt: Ich lasse jedes weltliche Handwerk ruhen und lehre meinen Sohn nichts anderes als die Tora, denn von ihrem Lohn genießt ein Mensch [schon] auf dieser Welt, aber das [eigentliche] Kapital bleibt ihm für die kommende Welt erhalten.« (M Kid IV 14)

8. »Gedenke des Sabbattages« (2. Mose 20,8)

Schauen wir uns nun beispielhaft einen Mischna-Traktat näher an: »Schabbat« steht aufgrund seiner Länge mit 24 Kapiteln und 139 *Halachot* an der Spitze der zweiten Ordnung *Mo'ed*. Der Sabbat ist bekanntlich der einzige Tag, dessen Feier ausdrücklich in den Zehn Geboten, von denen dieses zudem das längste ist, angeordnet wird (2. Mose 20,8-11). Für Juden ist es nicht nur ein Ruhetag, der der Erinnerung an das Ruhen Gottes nach der Weltschöpfung dient. Der Sabbat ist zugleich ein nationaler Tag: *das* Verbindungszeichen, das Juden vor allem im Exil, in der Diaspora und in den Gettos zusammengehalten hat. Man sagt: »Mehr als Israel den Sabbat bewahrt hat, hat der Sabbat Israel bewahrt.« Ferner gibt jener Tag schon einen Vorgeschmack der zukünftigen Welt, auf ihre Vollendung und Erlösung: »Wenn Israel zwei Sabbate in rechter Weise beachten würde - sofort würde es erlöst.« (b Schab 118b) Nicht zuletzt deshalb wiegen die Sabbatbestimmungen so schwer wie die übrigen Tora-Vorschriften zusammen. Sabbatheiligung ist geradezu das Kennzeichen des Tora-Gehorsams, weshalb früher auf absichtlichen Sabbatbruch die Todesstrafe der Steinigung stand, wie bereits die Erzählung vom ersten Sabbatbrecher lehrt (4. Mose 15,32-36). Die Sabbatfrage wird daher in vielen Traktaten - abgesehen von *Schabbat* - immer wieder berührt, besonders gleich im folgenden derselben Ordnung: *Erubin*, »Vermischungen«, wo es z. B. um Möglichkeiten, die erlaubte Sabbatwegstrecke zu verlängern, geht.

Dreierlei fällt schon bei oberflächlicher Beschäftigung mit *Schabbat* auf:

- Eine klare Gedankenentwicklung ist nicht erkennbar. Auf Vollständigkeit wird sicher kein Wert gelegt. Eher läßt sich noch eine ältere, möglicherweise komplette Abhandlung über das Problem des verbotenen Tragens und Werfens am Sabbat herauslösen: Mit welcher Last dürfen Tiere beladen werden? Was dürfen Frauen und Männer nicht an Schmuck oder bestimmter Kleidung tragen? Welche kleinsten Lasten sind bereits verboten? Wie steht es um das Tragen von Personen oder Lasten, die selbst durch etwas belastet sind (z. B. das Tragen eines Korbs, in welchem sich ein Stein befindet)? Dies macht ein Drittel des Gesamtstoffes aus, der im übrigen die 39 verbotenen Sabbatarbeiten auflistet und zum Teil kommentiert, andererseits vom Sabbatlicht (welche Stoffe als Docht und welche Flüssigkeiten als Brennmaterial Verwendung finden dürfen), von der Art und Weise des Warmhaltens von Speisen - am Sabbat darf ja kein Feuer gemacht werden! - oder von der erlaubten Beschneidung eines Kindes am Sabbat handelt. Somit legt der Traktat Zeugnis von einem längeren Werdegang und von der ordnenden Hand Rabbi Jehudas ab.
- Es werden scheinbar nur Spezialprobleme erörtert, ohne daß zunächst oder überhaupt Grundsätze geboten werden. Noch dazu erfolgt die Darstellung zumeist in katalog- oder stenogrammartigen Auflistungen. Theologische Betrachtungen, historische Aspekte,

eine nachvollziehbare Entwicklung jener Prinzipien fehlen. Dies bedeutet, daß die Diskussion um die Sabbatgebote längst ihr Endstadium erreicht hat und die Denkergebnisse genauestens in Katalogform registriert werden. Die Anwendung jener aufgestellten *Halachot* ist nicht mehr strittig, sondern spiegelt gängige Praxis wider.

- Fast alle diese Bestimmungen haben keine direkte Stütze in der Tora. Zwar finden sich dort die Verbote, am Sabbat zu arbeiten, Feuer zu machen oder zu kochen (2. Mose 16,22ff.; 35,2f), aber unser Traktat weiß wesentlich mehr, wenn er ausführlichst über die Sabbatlampe, -nahrung, -kleidung oder über das Tragen am Sabbat nachdenkt. Er versteht sich bewußt als »Zaun um die Tora«. Seine Erwägungen wollen die schriftliche Tora präzisieren und ergänzen. Aber auch die Grundlagen selbst, wann eine Sabbatverletzung vorliegt, sind offenbar schriftunabhängig: Ein Sabbatbruch ist nur möglich bei Ausübung einer konstruktiven, förderlichen, nicht aber bei einer destruktiven, völlig unsinnigen Arbeit. Des weiteren kommt es auf die Absicht des Handelnden an, weniger auf die Art der begangenen Tat. Ein Versehen oder ein Irrtum werden anders bewertet als eine »mit erhobener Hand«, d. h. mit voller Absicht, verübte Sabbatübertretung. Ferner macht eine Arbeit nur schuldig, wenn sie auf normale, gewohnte Weise verrichtet, nicht aber wenn sie umständlich oder in unüblicher Manier ausgeführt wird. Auch bleibt man unschuldig, wenn man die betreffende Tat nicht allein, sondern zu mehreren macht. Schließlich unterscheidet die Mischna verschiedene Bereiche, wo der Transport eines Gegenstandes von einem Bereich in den anderen nicht erlaubt ist.

Jene über die Tora hinausführenden Prinzipien lassen sich schon im allerersten Lehrsatz des Traktates wiederfinden (M Schab I 1): »Das Hinausgehen [mit einer Last] am Sabbat findet in zweierlei Art statt, welche vier bilden für den drinnen, und in zweierlei Art, welche vier bilden für den draußen. Wieso? [I] Steht ein Armer draußen, der Hausherr aber drinnen, streckt der Arme seine Hand nach innen und legt [etwas] in die Hand des Hausherrn oder nimmt er [etwas] aus ihr und trägt es heraus, so ist der Arme [des Sabbatbruches] schuldig, der Hausherr aber schuldfrei. [II] Streckt der Hausherr seine Hand nach außen und legt [etwas] in die Hand des Armen oder nimmt er [etwas] aus ihr und bringt [es] herein, so ist der Hausherr schuldig, der Arme aber schuldfrei. [III] Streckt der Arme seine Hand nach innen, und nimmt der Hausherr [etwas] aus ihr, oder legt er [etwas] in sie hinein, und [der Arme] trägt [es] heraus, so sind beide schuldfrei. [IV] Streckt der Hausherr seine Hand nach außen, und nimmt der Arme [etwas] aus ihr, oder legt er [etwas] in sie, und bringt [der Hausherr es] herein, so sind beide schuldfrei.«

Diese Halacha spielt an auf das erste Sabbatgebot der Bibel: »Niemand gehe hinaus aus seinem [Wohn-]Ort am siebenten Tag« (2. Mose 16,29), wobei »hinausgehen« in einem weiteren Sinne als »hinaustragen« verstanden und deshalb von den Rabbinen zwischen Privat- und öffentlichem Bereich unterschieden wird. Man darf am Sabbat nichts aus seiner Wohnung auf die Straße hinaus- oder von dort hereintragen. Weiter: Tragen umfaßt die beiden Teilvorgänge des Aufhebens (Wegnehmens) und Niederlegens der Last. Folglich ergeben sich jene vier geschilderten Möglichkeiten: Im ersten Fall ist der Arme draußen vor der Tür schuldig, weil er etwas ins Haus hineinreicht, im zweiten Fall der Hausherr drinnen, weil er etwas (Speise oder Geld?) nach draußen gibt. In Fall III und IV sind jedoch beide schuldfrei, weil jeder nur einen Teil des Tragevorganges - entweder das Aufheben/Aus-der-Hand-Nehmen oder das Niederlegen/In-die-Hand-Geben - verrichtet. Strafbar ist aber wie gesagt nur jemand, der eine verbotene Arbeit ganz tut.

Was verstehen die Rabbinen unter Arbeit? Alles, womit man seinen Lebensunterhalt bestreiten kann; alles, was man auch an jedem anderen Tag tun kann (z. B. Vorbereitungen für die Arbeit treffen); alles, was einen bestimmten Zweck verfolgt. Im 7. Kapitel (VII 2) findet sich eine Liste von 39 am Sabbat verbotenen Tätigkeiten: »... wer pflügt und sät und erntet und Garben bindet, wer drischt und worfelt und [Unkraut] ausliest und mahlt und siebt und knetet und backt ..., wer baut und niederreißt und löscht und anzündet und wer mit dem Hammer schlägt und aus einem Bereich in den anderen trägt«. Dieser umfangreiche Komplex von Arbeiten aus den Gebieten Landwirtschaft, Baugewerbe und

Haushalt hat seinen einzigen biblischen Haftpunkt in der Tatsache, daß im 2. Mosebuch das Sabbatarbeitsverbot unmittelbar vor der Schilderung des Baues der Stiftshütte/des Zeltes der Begegnung steht (Kap. 35-40). Dieser äußere Zusammenhang ließ die Rabbinen auch auf eine innere Verbindung schließen, daß folglich am Sabbat all die Arbeiten verboten sein müssen, die für die Errichtung der Stiftshütte anfielen, und so bemühten sie sich, jene 39 Tätigkeiten von dort herzuleiten.

Ebenso kunstvoll legten sie aufgrund der Angaben von 4. Mose 35,1-5; Josua 3,4 die Länge des am Sabbat außerhalb einer geschlossenen Ortschaft zu gehen erlaubten Weges auf 2000 Ellen - ungefähr ein Kilometer - fest (M Schab XXIII 4; vgl. Apostelgeschichte 1,12). Doch lassen sich zwei Sabbatwege zu einem verbinden, wenn man zwischen zwei Orten, die einen doppelten Sabbatweg voneinander entfernt sind, symbolisch seinen Sabbatwohnsitz aufschlägt, indem man dort vor Sabbatbeginn genügend Nahrung für zwei Mahlzeiten deponiert. So darf man am Sabbat erst zu seiner »Wohnung« gehen und von dort aus einen weiteren Sabbatweg beschreiten. Um die Bewegungsfreiheit zu vergrößern, gestatten die Lehrer der Mischna auch das noch im Jubiläenbuch (um 150 v. Chr.; 50,12) strikt verbotene Reisen (M Schab XVI 8). Zumindest die Seereise, die am Sabbat schwerlich unterbrochen werden kann, wird erlaubt, obwohl man damit gegen die Bestimmung der Sabbatgrenze und -ruhe verstößt. All dies sind Versuche, die Mose-Tora lebensnah und fördernd zu gestalten, sie den Lebensnotwendigkeiten anzupassen. Mögen uns diese Regeln auch befremden: Nach jüdischer Sicht dienen sie gerade nicht der Begrenzung der Lebensvollzüge, sondern nur der Eingrenzung des Lebenswandels. Am Sabbat soll sich der Mensch in einer anderen Sphäre bewegen, abgesondert sein von seinem alltäglichen Tun und Lassen. Zu platt wirken darum Kommentare christlicher Ausleger wie: »Das war eine pfiffige Erfindung der Not und hieß dem lieben Herrgott ein Schnippchen schlagen.« (Georg Beer: Der Mischnatractat »Sabbat«)

Immer noch für Mißverständnisse sorgt auch die rabbinische Sicht vom Heilen und vom Umgang mit Nichtjuden am Sabbat:

Heilen ist zwar nicht erlaubt, weshalb Arzneien nur äußerst zurückhaltend Verwendung finden sollen (M Schab XIV 2-4), doch »Lebensrettung verdrängt den Sabbat« (b Joma 85b). Lieber soll der Mensch einen Sabbat übertreten, als vielleicht die nächsten nicht mehr erleben. Gern bezieht man sich dafür auf 3. Mose 18,5: »Er soll durch sie (bezogen auf die Sabbatbestimmungen) leben«, aber nicht sterben. Dies beginnt mit der Beistandshilfe für gebärende Tiere (M Schab XVIII 3). Auch darf man kein Tier am Sabbat jagen oder töten. Um dies peinlichst zu vermeiden, soll man nicht einmal seine Kleider nach Motten oder Läusen durchsuchen (M Schab I 3). Selbstverständlich leistet man einer gebärenden Frau Geburtshilfe und führt die Beschneidung eines Knaben durch, wenn der dafür von der Tora bestimmte achte Tag nach der Geburt (1. Mose 17,12) auf einen Sabbat fällt (M Schab XIX 1-3). Überhaupt gilt: »Man darf am Sabbat Leben retten; je schneller, desto lobenswerter, und man braucht nicht erst bei Gericht um Erlaubnis zu fragen. Zum Beispiel: Sieht man, wie ein Kind ins Meer gefallen ist, so werfe man ein Netz aus und hole es heraus; je schneller, desto lobenswerter, und man braucht nicht erst das Gericht um Erlaubnis zu fragen, obgleich man dabei [im Netz] Fische mitfängt (Jagdverbot am Sabbat!).« (b Joma 84b) Unter das die Sabbatbestimmungen außer Kraft setzende Lebensrettungsgebot fällt natürlich auch die Verteidigung im Kriegsfall, ja sogar die Belagerung von Städten am Sabbat (b Schab 19a). Es ist Juden verboten, sich am Sabbat in einer direkten Weise etwas von einem Nichtjuden tun zu lassen oder ihn gar mit einer Arbeit zu beauftragen. »Wenn ein Nichtjude eine Lampe anzündet, so darf sich einer aus Israel ihres Lichtes bedienen, wenn aber für einen aus Israel, ist es verboten.« (M Schab XVI 8) Doch wird bis in unsere Tage hinein die spontane Hilfe des *Schabbes-Goi* - eines Nichtjuden, der die Sabbatvorschriften nicht einzuhalten braucht und der helfend eingreifen kann - gern in Anspruch genommen. Ein anderer Fall: Ein Jude mit seinem Esel in Begleitung eines Nichtjuden ist bei Sabbatanbruch kurz vor seinem Reiseziel. »Er gebe seinen Geldbeutel (Inbegriff von Lastentragen!) dem Nichtjuden; ist aber kein Nichtjude mit ihm, so lege er ihn auf den Esel.« (M Schab XXIV 1) Wenn hier von

Antisemiten der Vorwurf laut wurde, das Judentum sei menschenfeindlich, betrachte die nichtjüdische Welt als gottverlassen und bewerte einen Esel höher als einen Nichtjuden, dann trifft dies nicht den Kern: Der Sabbat ist ein jüdischer Feiertag, die Sabbatfeier darum Vorrecht Israels - unter Einschluß von Mensch und Tier. Fremde sollen ihn nur mitfeiern, wenn sie sich in einer jüdischen Stadt aufhalten (2. Mose 20,10). Eher erstreckt sich die Sorgepflicht des Juden für den Sabbat auch auf den Nichtjuden: So darf man - zumindest nach Auffassung der Schule Schammais - einem Nichtjuden kurz vor Sabbatbeginn nicht sein Lasttier beladen helfen, außer es ist gewährleistet, daß jener sein Reiseziel noch vor Sabbateinbruch erreicht (M Schab I 7), denn sonst macht man sich selbst der Sabbatübertretung schuldig. Der Sabbat wäre gleich von zwei Personen mißachtet worden.

Leitendes Prinzip bei all jenen Weisungen ist: »Er (der Sabbat) ist in eure Hand übergeben worden, aber nicht ihr seid in seine Hand übergeben worden« (b Joma 85b) - ein Wort von Rabbi Jonatan ben Josef aus der Mitte des 2. Jh. n. Chr., das frappante Ähnlichkeit mit dem Jesu nach einem Sabbatkonflikt besitzt (Markus 2,27). Sabbateinhaltung ist nie Selbstzweck. Kein Jude glaubt, sich dadurch automatisch den Himmel verdienen zu können. Sondern genaue Sabbatbeachtung will an den göttlichen Geschenkcharakter dieses Tages erinnern und ist darum ein Erziehungsmittel zur Gottesfurcht.

Aufgabe: Beurteilen Sie folgende Fälle nach den rabbinischen Sabbatrichtlinien: »Ist ein Reh in ein Haus geraten und riegelt jemand vor ihm [die Tür] zu, so ist er [der Sabbatübertretung] schuldig. Riegeln aber zwei zu, so sind sie schuldfrei.« (M Schab XIII 6) - »Wer Schmerz an seinen Zähnen hat, darf durch sie keinen Essig schlürfen, doch darf man nach seiner Gewohnheit [Speisen in Essig] tauchen, und wenn man dadurch geheilt wird, so wird man geheilt.« (M Schab XIV 4)

9. Mischna + Gemara = Talmud

Die Mischna beansprucht, die erste normative Zusammenstellung des Traditionsstoffes zu sein. Sie bildet damit den Ausgangspunkt für weitere Debatten und Auslegung. Als durch und durch »mündliche Tora« wird sie schon im 3. Jh. n. Chr. mit gleicher Ehrfurcht wie die »schriftliche Tora« behandelt, näher präzisiert und um neue Anwendungsmöglichkeiten bereichert. Jene Erklärung der Mischna heißt *Gemara*, »Vollendung«, »Vervollständigung«, »Vertiefung«, »Abschluß«. Sie enthält die Protokolle der rabbinischen Diskussionen über einzelne Mischna-Bestimmungen ab dem 3. Jh., also ebenfalls religiös-kultische Anweisungen, juristische Erwägungen, historische Bemerkungen, ethische Grundsätze und viele biographische Notizen. Auch ihr Aufriß folgt den sechs Ordnungen der Mischna. Auch hier lassen sich wieder *Halachot* von *Haggadot* unterscheiden, obwohl deutlich der Erzählstoff überwiegt. Zu den halachischen Stücken gehören die schon erwähnten *Baraitot*, d. h. jene von außen hinzukommenden *Mischnajot*, die keine Aufnahme in der offiziellen *Mischna* Rabbi Jehudas fanden. Sie haben in der Gemara die Funktion, besondere Gesetze zu erklären, dem Ursprung und der Entwicklung von Lehrsätzen nachzugehen, und dienen als Vergleichsquelle und Kontrast zur anerkannten Mischna. Sie sind in rabbinischem Hebräisch, nicht wie die sonstige Gemara-Diskussion in Aramäisch, verfaßt und an Einleitungsformeln wie: »es wird gelehrt«, »eine andere Version liest«, »manche sagen« erkennbar. Oder es wird der Begriff zusammen mit dem Namen des Überlieferers genannt: »Da sprach R. Idi b. Adin zu ihm (R. Chisda): »So, übereinstimmend mit dir, habe ich es auch in einer *Baraita* der Schule des R. Henek ... gelernt.« (b Pes 101b) Haggadische Passagen erstrecken sich oft gleich über mehrere Seiten, z. B. die Diskussion über die Auferstehung der Toten als Entfaltung des Mischna-Satzes »Ganz Israel hat einen Anteil an der kommenden Welt« (M Sanh X 1; b Sanh 90a-99a), die Auslegung des Mischna-Satzes »Mit dem Maß, mit dem ein Mensch mißt, mißt man [auch] ihn« (M Sot I 7; vgl. Matthäus 7,2) anhand des Schicksals biblischer Gestalten (Simson, Absalom,

Mirjam, Josef, Mose; b Sot 9b-14a) oder eine Auslegung des gesamten Ester-Buches im Traktat *Megilla*, der sich um die Verlesung der Ester-Geschichte am Purim-Fest dreht (b Meg 10b-17a). Sicher gab es schon so etwas wie eine Gemara während der Entstehungszeit der Mischna. Denn nichts anderes als eine Weiterkommentierung der ihm vorliegenden halachischen Sammlungen stellt Rabbi Jehudas Werk dar. Die Mischna in ihrer Endgestalt ist letztlich die Gemara zu einer wie auch immer schon vorgegebenen Ur-Mischna. Nur bezeichnet Gemara in unserem Sinne eben das an die Mischna zeitlich anschließende Entfaltungsstadium. Dies entspricht *einer* Bedeutung des Begriffes »Talmud«, der wie »Tora« oder »Mischna« eine Entwicklung durchgemacht hat:

- Zuerst bezieht er sich auf die Methode, eine Halacha aus der Schrift (Tora) herzuleiten und ihr damit ein Fundament zu geben. Die Formel hierfür: »Es liegt eine Lehre (*Talmud*) der Schrift in dem, was sie sagt«, worauf dann ein bestimmtes Schriftwort zitiert wird (z. B. M Mak I 7). *Talmud Tora* umschreibet somit das Torastudium.
- Dann meint er - wie oben ausgeführt - die die Mischna kommentierende Gemara, d. h. die gesamte Diskussion jener Traditionslehre. So wird er bereits im Jahre 987 n. Chr. definiert: »Talmud, das ist die Weisheit der Alten, in der sie ihre Meinung über die Gründe der Mischna äußerten.« (Scherira Gaon)
- Schließlich umfaßt er jenes ganze Werk, bestehend aus Mischna und Gemara, wie es sich in allen gedruckten Ausgaben findet. Talmud: das Studium dieser Lehre und zugleich das »Buch« der Lehre. Wenn man ihn volkstümlich auch *Schas* - Abkürzung für: *Schischa Sedarim*, »sechs Ordnungen« - tituliert, so ist dies insofern mißverständlich, als damit doch auch die Mischna bezeichnet wäre.

Die Gemara ist uns in zwei verschiedenen Versionen erhalten: in einer im Land Israel bis Anfang des 5. Jh. entstandenen und in einer in Babylonien zu Beginn des 6. Jh. abgeschlossenen Gemara. Deshalb unterscheidet man seither zwischen dem sog. palästinischen Talmud (des Landes Israel) und dem babylonischen Talmud. Kurz zum historischen Hintergrund:

Die rabbinische Gelehrsamkeit im Heiligen Land war ab dem 3. Jh. n. Chr. hauptsächlich mit den Orten Caesarea am Meer, Sepphoris (Zippori) bei Nazaret und Tiberias am See Genezaret verbunden, wo bedeutende Lehrer unterrichteten. Wie Rabbi Jehuda die Mischna-Redaktion zugewiesen wird, so wird R. Jochanan bar Nappacha in Tiberias die Zusammenstellung der »Gemara der Lehrer des Westens« bescheinigt. Dies dürfte, da er 279 n. Chr. starb, jedoch im palästinischen Talmud noch Lehrer vom Anfang des 5. Jh. zu Wort kommen, fromme Tradition sein. Zudem erweist sich der Kommentar zu den drei *Babot* der IV. Mischnaordnung aufgrund seiner altertümlicheren Sprache, äußerst knappen Darstellungsart und der sonst oft, hier gerade unerwähnten »Weisen von Caesarea« wohl als ältester, um die Mitte des 4. Jh. dort entstandene Teil des Ganzen. R. Jochanan samt seiner Gelehrtenakademie bleibt demnach allenfalls das Verdienst, die Gemara auf den Weg gebracht zu haben. Sie fand ihren frühzeitig-jähen Abschluß aufgrund der Verschlechterung der politischen Situation: Ein jüdischer Aufstand war durch die Römer gewaltsam niedergeschlagen worden, das Christentum als Staatsreligion zeigte sich gegenüber Juden und jüdischer Glaubenslehre unduldsam. Das Amt des jüdischen Patriarchen (*Nasi*) als geistlich-politisches Oberhaupt der jüdischen Gemeinden wurde schließlich um 425 n. Chr. - nach dem Tod von Nasi Gamli'el VI. - beseitigt - und damit auch das die Schulen zusammenhaltende Zentrum. Dem Verfall der Lehrhäuser konnte nur die daher fragmentarisch und oft ungeordnet gebliebene Gemara entrissen werden.
Anders die Situation im Zweistromland, wo Juden seit dem sog. Babylonischen Exil im Jahre 587 v. Chr. lebten. Hier an den »Wassern von Babel« bildeten sie bald religiös, kulturell und auch politisch recht selbständige Gemeinschaften. Noch in der Zeit des Tempels dürfte es bereits Gelehrtenschulen gegeben haben. Der berühmte Schriftgelehrte zur Zeitenwende, Hillel, stammte aus Babylonien. Während der jüdischen Aufstände gegen die Römer im 1./2. Jh. n. Chr. flohen viele Rabbinen aus Israel dorthin und bauten ein eigenständiges Studienzentrum auf. Freilich begann die große Phase erst im 3. Jh., als die Schüler des

Mischna-Begründers Rabbi Jehuda, R. Abba Arika - kurz »Rab« genannt - und Mar Schemu'el, offenbar die Mischna als anerkannte Autorität mit in ihre Heimat nahmen und dort die Akademien von Sura und Nehardea am Euphrat begründeten. Wiederum ein Schüler beider, Rab Jehuda bar Jecheskel, legte den Grundstein für das Lehrhaus in Pumbedita am Euphrat. Weitere Ortsnamen mit Gemara-Tradition: Machoza und Mata-Mechasja. Wie der Patriarch für das Land Israel, so war der Exilarch für die Judenschaft in Babylonien offizieller Repräsentant am neupersischen Hof. Juden konnten in jenen Tagen ihren Glauben frei und ungehindert entfalten. Natürlich fand reger Gelehrtenaustausch zwischen Babylonien und Israel als der wahren Heimat aller Juden, nicht selten auch Rivalität, statt. »Was heißt *Gola* (Exil)?« fragt die Gemara. »Rab Josef antwortete: Dies ist Pumbedita.« (b RH 23b) Eine andere Stelle: »Wer im Land Israel wohnt, dem ist es so, als habe er einen Gott ... Wer im Land Israel wohnt, weilt ohne Sünde ... Wer im Land Israel begraben ist, ist wie unter dem Altar begraben.« (b Ket 110b/111a) Von den zehn Teilen Weisheit, die Gott dieser Welt schenkte, soll Israel neun genommen haben; hingegen soll Babylonien von den zehn Teilen Armut neun erhalten haben (b Kid 49b). Ein Gelehrter Israels ist so bedeutend wie zwei babylonische. Doch wörtlich weiter: »Wenn einer aber von uns [aus Babylon] nach dort hinaufgeht, ist er so bedeutend wie zwei von denen.« (b Ket 75a) Jene Gelehrten, die von Israel nach Babylonien (und umgekehrt) reisten, nennt man *Nechutei*, »die Hinuntergehenden«. Diese »Babylonienfahrer« verstanden sich als Botschafter und Verbindungsglieder zwischen den Schulen. Der Niedergang der palästinischen Gelehrsamkeit Anfang des 5. Jh. führte zur Vormachtstellung der babylonischen Rabbinen, weshalb ihre Gemara bis heute die maßgebliche geblieben ist. Auch ihre schriftliche Niederlegung dürfte aus der Not der Zeit geboren sein: Im 5. Jh. kam es zu Judenverfolgungen und zur Behinderung der Lehrtätigkeit von seiten der Neuperser aus der Sassaniden-Dynastie. Der Exilarch Mar Zutra II. beschwor einen bewaffneten jüdischen Aufstand herauf und verteidigte sieben Jahre lang die Unabhängigkeit der jüdischen Gemeinde, bis er selber 520 n. Chr. in Machoza gefangen und enthauptet wurde. »Die letzten der Entscheidungslehrer« sollen Rab Aschi - gestorben 427 - und Rabina (II., ha-Acharon) - gestorben 499 - gewesen sein (b BM 86a). Sie gelten darum als die Redaktoren des babylonischen Talmuds. Doch wie für die Mischna trifft auch für die Gemara zu: In ihr sind viele Hände am Werk gewesen, unzählige Quellen verarbeitet und diverses Material aus drei Jahrhunderten zusammengestellt worden, so daß die These von einem oder zwei Herausgebern kaum haltbar ist. Wie es außerhalb der Mischna befindliche *Mischnajot* (*Baraitot*) gibt, so analog dazu eine Gemara neben der offiziellen von Rab Aschi und Rabina. Teile dieser »außen befindlichen« Gemara flossen noch von späteren Rabbinen des 6. Jh.s in den Standardtext ein. Jedenfalls hat die »Geburt« des babylonischen Talmuds über ein Jahrhundert länger als die des palästinischen gedauert, was zweifellos seinen Wert steigerte.

Aufgabe: Der Traktat *Ketubbot*, »Hochzeitsverschreibungen«, widmet sich den im Judentum üblichen Eheverträgen, in welchen sich der Mann für den Fall seines Todes oder bei Scheidung verpflichtet, seiner Frau einen bestimmten Geldbetrag zwecks finanzieller Absicherung zukommen zu lassen. Die letzte Halacha lautet: »Man kann jeden zwingen, mit ihm nach dem Land Israel zu ziehen, aber niemand, von dort fortzuziehen ..., seien es Männer oder Frauen.« (M Ket XIII 11) Interpretieren Sie die dazugehörige babylonische Gemara (b Ket 110b): »Was schließen sie (die Worte ›man kann jeden zwingen ...‹) nach demjenigen ein, der in unserer Mischna ›Sklaven‹ ausdrücklich lehrt? - Dies schließt [den Umzug] aus einer schönen Wohnung nach einer schlechten ein. - Was schließen [die Worte] ›niemand, von dort fortzuziehen‹ ein? - Sie schließen einen aus dem Ausland nach dem Land Israel entflohenen Sklaven ein. Man spreche [zu seinem Herrn]: Verkaufe ihn hier und gehe! Dies wegen der Besiedelung des Landes Israel. ... Die Rabbanan lehrten: Wenn er (der Mann) hinziehen will, doch sie (seine Frau) nicht, so zwinge man sie mitzuziehen; andernfalls ist sie ohne Ketubba[-ausbezahlung] zu entlassen. Wenn sie hinziehen will, aber er nicht, so zwinge man ihn mitzuziehen; andernfalls entlasse er sie und zahle ihr die Ketubba aus ...«

10. Zwei Talmude - einer zuviel

Der palästinische Talmud (des Westens) wird oft auch »Jerusalemer Talmud« (*Jeruschalmi*) genannt, was aber insofern unzutreffend ist, als Juden der Zugang zu dieser Stadt im 2.-4. Jh. n. Chr. nur höchst eingeschränkt gestattet war. Rabbinische Akademien florierten an der Mittelmeerküste und in Galiläa, weshalb der erste Name - nach der im 2. Jh. von den Römern eingeführten spöttischen Bezeichnung »Palästina« (»Philisterland«) für das Land Israel zumindest passender - obgleich eine Fremdbezeichnung - ist. Demgegenüber wird der Babylonische Talmud, *Talmuda de-Babel*, kurz *Babli* oder »*der* Talmud« genannt, weil er einen höheren Stellenwert besitzt. Weshalb dies und welche Unterschiede bestehen zwischen dem pT und bT?

Zunächst fällt auf, daß der babylonische Talmud mehr als doppelt so umfangreich ist als der palästinische. pT in der anerkannten Krotoschin-Ausgabe (Krakau 1866) zählt 287 Folien (Doppelseiten), bT nach der einzigen vollständig erhaltenen Handschrift, dem in der Münchner Staatsbibliothek aufbewahrten *Codex Hebraicus* 95 aus dem Jahr 1343, hingegen 603 Folien. Daraus ist zu schließen, daß die in pT aufgezeichneten Diskussionen knapper ausgefallen sind, was sicher mit seiner kürzeren Abfassungszeit zusammenhängt. Man muß aber auch berücksichtigen, daß es in Babylonien keine eigene haggadische Literaturgattung gab und deshalb eine Unmenge von erzählendem Stoff in bT aufgenommen wurde. Im Land Israel entstanden neben dem Talmud viele erbauliche und lehrhafte Bibelauslegungen, die sogenannten *Midraschim* (Einzahl: *Midrasch*, »Suche [nach der Bedeutung der Schrift]«). Deshalb ist nur ein Sechstel von pT Haggada, in bT aber zwei Drittel!

Von den 63 Mischnatraktaten kommentiert die palästinische Gemara 39, die babylonische 36,5. Sind die übrigen Kommentare verlorengegangen? Wohl kaum, denn es fällt auf, daß in bT die Gemara zur Ordnung I - abgesehen vom ersten Traktat *Berachot,* »Segenssprüche« - und zur Ordnung VI - abgesehen vom Traktat *Nidda*, »Unreinheit (der Frau)« - fehlt. In pT vermissen wir aber die Gemara zu Ordnung V und VI. Dies hat sicher sachliche

Gründe: In Babylonien spielten die an das Land Israel gebundenen landwirtschaftlichen Bestimmungen von *Seder* I genausowenig eine Rolle wie die an die Existenz des Tempels geknüpften Reinheitsvorschriften von *Seder* VI. Hingegen waren die »Segenssprüche« überall anwendbar und die Gesetze über die Menstruationsunreinheit weiterhin praktizierbar. Daß bT aber die Mischnaordnung V von den Opfergesetzen trotz der Tatsache, daß es keinen Tempel mehr gab, kommentierte, beruht wohl auf der Meinung, daß deren theoretisches Studium die Opferpraxis voll ersetzen könne. Andererseits mußte pT natürlich an der für das Land Israel relevanten Ordnung I, »Saaten«, interessiert sein. Daß bei pT aber *Seder* V und VI fehlen, mag auf die zu kurze Zeit der Niederschrift zurückzuführen sein oder auf ihre nicht mehr mögliche Befolgbarkeit, - ein Zeichen von Hoffnungslosigkeit im Blick auf die baldige Wiedererrichtung des Tempels? Dies will aber nicht bedeuten, daß man sich nicht doch mündlich mit jenen Ordnungen auseinandersetzte, wie man es heute nach der Neugründung des Staates Israel, dem »Beginn des Sprießens unserer Erlösung«, in beträchtlichem Maße wieder tut.
Der palästinische Talmud weist gegenüber dem babylonischen eine Unmenge von oft wörtlichen Wiederholungen ganzer Abschnitte - trotz seines an sich bündig-trockenen Stils - auf. Seine Zusammenfassung des Lehrstoffes ist darum erheblich schlechter. Nicht nur, daß die Reihenfolge der Traktate in den einzelnen Ordnungen leicht von der der Mischna und des bT abweicht, - auch der Mischnatext stimmt immer wieder nicht ganz mit dem von bT überlieferten überein. Waren doch verschiedene Versionen in Umlauf? Oder formulierte man ihn kurzerhand je nach Zeit und Örtlichkeit um? Oder hat pT auf eine frühere Mischna-Ausgabe Rabbi Jehudas Bezug genommen? Ein Beispiel aus dem Traktat *Aboda Zara,* »Götzendienst«, zur Stützung letzterer These: Die Halacha IV 4 lautet nach pT: »Ein Nichtjude (wörtlich: »ein Sternendiener«) entheiligt (macht unbrauchbar) seinen Götzen (wörtlich: »seinen Sternendienst«) und den eines Israeliten.« Nach bT: »Ein Nichtjude entheiligt seinen Götzen und den seines Genossen.« Auf den Unterschied machen aber sowohl die palästinische wie die babylonische Gemara sofort aufmerksam

durch die fiktive Bemerkung von Rabbi Schim'on zu seinem Vater Rabbi Jehuda: »Solange du noch jung warst, hast du die Lehre so gelehrt: Ein Nichtjude entheiligt seinen Götzen und den eines Israeliten. [Warum also jetzt anders?]« (b AZ 52b / p AZ 44a) Götzenstatuen wurden übrigens unbrauchbar, wenn man ihnen einen Teil vom Ohr, der Nase oder vom Finger abschlug. Deutlich distanziert sich nach pT Rabbi von seiner Jugendmeinung: »Nein, mein Sohn: bei einem Götzen, den ein Israelit verehrt, gibt es niemals eine Entheiligung.« Da er die Statue heimlich aufstelle (vgl. 5. Mose 27,15), müsse man wohl davon ausgehen, daß er - trotz Zerstörung der Figur - den Götzen fernerhin verehren werde. pT führt des weiteren eine Haggada an, die belegt, wie ein Nichtjude den Götzen (einen Ring mit einer heidnischen Abbildung) seines nichtjüdischen Genossen nicht entheiligen will, obwohl er dazu imstande wäre. bT versucht eine Harmonisierung der unterschiedlichen Ansichten Rabbis: »In seiner Jugend war er der Überzeugung, daß die [Götzen-]Verehrung des Israeliten sich auf die des Nichtjuden stütze; [folglich:] sobald der Nichtjude ihn (den Götzen) entheiligt habe, habe ihn [automatisch] auch der Israelit entheiligt. In seinem Alter aber war er der Ansicht, der Israelit verehrte ihn (den Götzen) aus eigenem Antrieb heraus; [folglich:] wenn der Nichtjude ihn (den Götzen) entheiligt, tut er es nur für sich selber, nicht aber für den Israeliten [der die Verehrung fortsetzt, weil es für ihn keine Entheiligung ist].« Dieses Beispiel macht zugleich deutlich, daß man in beiden Ländern um die verschiedenen Mischna-Fassungen wußte. Zwar zitiert man sich nicht gegenseitig, doch hat man natürlich die Namen und Meinungen der bedeutenden palästinischen bzw. babylonischen Gelehrten gekannt und auch im je anderen Werk erwähnt. Es ist heute so gut wie sicher, daß die Zusammensteller von bT nicht den inzwischen fertigen pT vor sich liegen hatten, jedoch auf größere Textblöcke und mündliche Überlieferer zurückgreifen konnten. Von daher erklären sich die vielen Parallelen.

Der Siegeszug der babylonischen Gemara ist zum einen der Tatsache zu verdanken, daß sie die Diskussion über die Mischna bis in das 6. Jh. n. Chr. hinein enthält. Zum anderen ist sie aufgrund ihrer breiten, anschaulichen und aufgelockerten Art lesenswerter, lebensnäher und der Volksseele eingängiger als die palästinische. Ferner erhebt bT einen enzyklopädischen Anspruch und schafft die Grundlage für Antworten auf viele zukünftige Fragen. Nicht zuletzt hat auch die Ausbreitung des Islam und die Errichtung des Kalifates von Bagdad die babylonische Gemara rasch in Nordafrika, Spanien, Italien und dann in Mitteleuropa bekannt werden lassen. Der berühmte französische Talmudgelehrte des Mittelalters, Raschi - gestorben 1105 - zitiert bereits den *Jeruschalmi* meist nur aus anderen Quellen und äußerst sparsam. Fortan gilt: Bei Widersprüchen zwischen bT und pT ist nach ersterem zu entscheiden. Meinungen aus pT werden nur übernommen, wenn sie nicht in Spannung zu bT stehen, der nunmehr wie zuvor die Mischna offizielle Lehrnorm wird. Der palästinische Talmud trägt daneben zweifellos Wesentliches für die Kenntnis des damaligen Judentums bei und macht aus seiner Verbundenheit mit der Heimat Israel kein Hehl. Gerade im Gefolge der zionistischen Bewegung und der Heimkehr von Juden aus Exil und Diaspora gewinnt er zunehmend an Interesse. Eine erste deutsche Übersetzung einiger Traktate liegt inzwischen vor.

Noch eine Bemerkung zur Sprache von Mischna und beiden Talmuden: »Die Sprache der Tora ist eine eigene Sprache und die Sprache der Weisen ist eine eigene Sprache.« (b Chul 137b) Während die Tora in sog. Althebräisch abgefaßt ist, ist die Sprache der Mischna in gewissem Sinne ein Neuhebräisch, eng verwandt mit dem heutigen *Iwrit.* Da in jenen Jahrhunderten Aramäisch Alltagssprache war, finden wir in der Mischna aramaisierenden Stil, zum anderen viele aus dem Griechischen oder Lateinischen entlehnte Begriffe vor. Es begegnen neue Wortprägungen, Bedeutungsverschiebungen von Worten, grammatische Vereinfachungen und Umschreibungen. Auffallend ist der prägnant knappe, abkürzende Stil mittels Wortauslassungen und -verkürzungen, was zwar die Lernfähigkeit begünstigt, aber den Sprachklang vielfach hart und holprig erscheinen läßt. Daß das Hebräische allmählich als Sprache der Bibel, der Mischna und des Gottesdienstes konserviert wird, beweist der Talmud, dessen palästinischer Teil in einem westaramäischen Dialekt mit griechischer Begrifflichkeit und dessen babylonischer Teil in Ostaramäisch unter Zuhilfenahme des persischen Wortschatzes geschrieben ist, wobei beider Aussprache erheblich auseinandergeht. Wenn die Gemara Rabbinenmeinungen aus ihren Tagen mit solchen aus der Mischna-Zeit zusammenstellt, so reden erstere natürlich aramäisch, letztere hebräisch. Jede Übersetzung des Talmuds in eine andere Sprache muß notwendigerweise zugleich die Funktion eines Kommentars erfüllen, um den einstigen politischen und kulturellen Hintergrund zu erhellen. Jeder Übersetzungsversuch ist im Grunde eine zum Scheitern verurteilte Notlösung. Denn der Talmud ist und bleibt mündliche Lehre: nicht geschriebenes, sondern gesprochenes Wort. Er erhebt keinen literarischen Anspruch; die schriftliche Form ist lediglich Hilfsmittel gegen das Vergessen. Bestimmte Schlagworte rufen den früheren »Sitz im Leben« der Diskussion oder ein konkretes Ereignis in Erinnerung, die uns freilich unzugänglich bleiben. Da bis auf Satztrenner keine Satzzeichen und Absätze vorhanden sind, hängt vom lauten Sprechen des Textes sein Verstehen ab. Erst der Ton macht Sinn! Erst durch die Rückführung des Geschriebenen in den mündlichen Dialog wird etwa deutlich, ob es sich um eine Frage, einen ironischen Zwischensatz, um eine ernste Zurechtweisung oder um eine humorvolle Einlage handelt. Bis auf den heutigen Tag studiert man den Talmud laut in einer gewissen Singweise, die das Einprägen des Textes fördert. »Wer unmelodisch [Bibel] liest und [Mischna] ohne Gesang studiert, über den sagt die Schrift [Ezechiel 20,25]: ›Auch gab ich (Gott) ihnen Gebote, die nicht gut waren.‹« (b Meg 32a) Daher das Gemurmel - manchmal auch das laute Debattieren und gar Streiten - in Talmudschulen, worüber Außenstehende das abschätzige Sprichwort prägten: »Hier geht's ja zu wie in einer Judenschul!«

Aufgabe: Ein Fall aus dem Bereich des Handelsrechtes (M BM IV 1) mit verschiedener Mischna in pT/bT. Dazu folgende Vorinformation: Nach rabbinischem Recht ist ein Kaufgeschäft dann abgeschlossen, wenn der Käufer die Ware empfangen hat.

Erst durch die Ware wird das Zahlungsmittel »angeeignet« und Eigentum des Verkäufers. Unsere Praxis - zuerst das Zahlungsmittel, dann die Ware - war in damaliger Zeit hingegen nicht bindend. Mit genannten Metallen sind Münzen aus jenen Metallen gemeint. Die Mischna von pT: »Silber eignet Gold an, aber Gold eignet nicht Silber an. Kupfer eignet Silber an, aber Silber eignet nicht Kupfer an.« Gemara (pT): »Das ist die Regel der Sache: alles, was weniger wert ist als sein ›Genosse‹, eignet seinen [wertvolleren] ›Genossen‹ an. R. Chija b. Aschi sagte: Wer lehrte dies? - R. Schim'on be-Rabbi. Dessen Vater (Rabbi Jehuda!) sagte [aber] zu ihm: Widerrufe das und lehre es so: Gold eignet Silber an! Er entgegnete ihm: Ich kann das nicht widerrufen, denn solange du jung warst, hast du mich [so] gelehrt: Silber eignet Gold an. Das Wort des [alten] Rabbi [Jehuda] besagt: Gold ist wie Früchte (d. h. Ware). Die Mischna [des jungen Jehuda] besagt: Silber ist wie Früchte (d. h. Ware).« Die Mischna von bT folgt der des alten Jehuda (»Gold eignet Silber an ...«); die Gemara: »In seiner Jugend war er der Ansicht, das Gold, das wertvoller ist, sei Zahlungsmittel, und das Silber, das weniger wertvoll ist, sei Ware, und durch die Ware wird das Zahlungsmittel angeeignet. In seinem Alter aber war er der Ansicht, das Silber, das gangbarer ist, sei Zahlungsmittel und das Gold, das weniger gangbar ist, sei Ware, und durch die Ware wird das Zahlungsmittel angeeignet.« (b BM 44a/b) - Erläutern Sie jene Debatte!

11. Die Beschneidung ist eine Verbesserung

Wenden wir uns jetzt noch einmal dem vertrauten Traktat *Schabbat* zu. Die Gemara von pT (18 Folien) und bT (28 Folien) ist übrigens die längste von allen kommentierten Mischna-Traktaten. Zunächst einige haggadische Stücke, die den Fest- und Freudencharakter des Sabbats illustrieren: »Wer den Sabbat in Wonne feiert, dem wird ein unbegrenztes Erbteil verliehen ... Wer den Sabbat in Wonne feiert, dem werden die Wünsche seines Herzens gewährt, denn es heißt [Psalm 37,4]: ›Habe deine

Wonne am Herrn; der wird dir geben, was dein Herz wünscht.‹ Ich würde nicht gewußt haben, was das für eine Wonne ist. Da es aber heißt [Jesaja 58,13]: ›du sollst den Sabbat eine Wonne nennen‹, so ist [folglich] darunter die Wonne des Sabbats zu verstehen.« »R. Jose sagte: Mein Anteil möge unter denen sein, die den Sabbatanfang in Tiberias und das Sabbatende in Sepphoris halten (weil es wegen der Tallage von Tiberias eher dunkel und damit Sabbat wird und weil andererseits die Berglage von Sepphoris den Sabbatausgang verzögert).« »R. Chanina pflegte sich am Vorabend des Sabbats anzuziehen und gegen Abend [bei Anbruch des Sabbats] zu sprechen: Kommt, wir wollen der Königin Sabbat entgegengehen.« »Einst kam Rabba b. R. Hona zu Rabba b. R. Nachman, und man setzte ihm drei Sea (eine Riesenmenge) Kuchen vor. Da sprach er zu ihnen: Habt ihr denn gewußt, daß ich komme? Diese erwiderten: Bist du etwa bevorzugter als er (der Sabbat, zu dessen Ehren der Kuchen gebacken worden war)?«
»Der [heidnische] Kaiser sprach zu R. Jehoschua b. Chananja: Woher kommt es, daß die Sabbatspeise so angenehm duftet? Jener erwiderte: Wir besitzen ein Gewürz namens Sabbat, das wir hineintun, und davon erhält sie ihren Duft. Da sprach er: Gib uns etwas davon! Doch jener erwiderte: Bei jedem, der den Sabbat beachtet, wirkt es; bei dem aber, der den Sabbat nicht beachtet (- der Kaiser ist gemeint! -), wirkt es nicht.«
»R. Jose b. Jehuda sagt: Zwei Dienstengel begleiten den Menschen am Sabbatabend vom Bethaus zu seiner Wohnung zurück, ein guter und ein böser. Wenn er nach Hause kommt und [dort von seiner Frau] das [Sabbat-]Licht angezündet, den Tisch gedeckt und das Lager überzogen vorfindet, so spricht der gute Engel: Möge es sein (Gottes) Wille sein, daß es auch am folgenden Sabbat so sei, und widerwillig spricht der böse Engel [zur Bekräftigung]: Amen. Wenn aber nicht, so spricht der böse Engel: Möge es sein Wille sein, daß es auch am folgenden Sabbat so sei, und widerwillig spricht der gute Engel: Amen.«
(b Schab 118a-119b)
Diese ehrfürchtigen Sätze stehen in der höchst umfangreichen Gemara zur Mischna XVI 2: »Man darf [bei Ausbruch eines Feuers am Sabbat] Speise für [die] drei [gebotenen] Mahlzeiten

[aus dem brennenden Haus] retten« und machen den Unterschied zwischen breiter Haggada und knapper Halacha augenfällig. Wie aber hat der Talmud die Bestimmungen über die 39 von der Mischna verbotenen Arbeiten weiter erläutert?: »Sie entsprechen den Arbeiten an der Stiftshütte. ... Man macht sich [des Sabbatbruches] nur schuldig wegen einer Arbeit, die ihresgleichen bei der Stiftshütte hatte. Jene (ihre Erbauer) säten [um pflanzliche Farbstoffe zu gewinnen], und ihr sollt nicht säen. Jene ernteten, und ihr sollt nicht ernten. Jene hoben Bretter vom Erdboden auf den Wagen, und ihr sollt [deshalb] nicht aus einem öffentlichen Bereich in einen Privatbereich hineinschaffen. ...« (b Schab 49b) »Wir haben [in der Mischna VII 2] gelernt: Hauptarbeiten gibt es vierzig weniger eine. Es heißt ›Hauptarbeiten‹, weil es [offensichtlich] Unterarbeiten gibt; ihre Unterarbeiten sind ihnen gleich. ... Was ist nun für ein Unterschied zwischen einer Haupt- und einer Unterarbeit? Er besteht in folgendem: Wenn man zwei Hauptarbeiten oder zwei Unterarbeiten [gleichzeitig] ausübt, so ist man für jede einzelne [der Sabbatübertretung] schuldig. Wenn man aber eine Hauptarbeit und eine zu ihr gehörende Unterarbeit ausübt, so macht man sich nur einmal schuldig.« (b BK 2a) Wie der babylonische stellt auch der palästinische Talmud weitere Gedanken über jene Unterarbeiten an: »Die Söhne des R. Chija des Älteren beschäftigten sich mit diesem Kapitel (M Schab VII) sechs Monate. Sie leiteten aus ihm sechs Unterarbeiten für jede Hauptarbeit her. Die Söhne des R. Chija des Älteren hielten sich an die Regel ihres Vaters, denn R. Chija hatte gelehrt: Ernten, winzern, Oliven pflücken, abschneiden, ausraufen, Feigen pflükken - das alles gehört zum [am Sabbat verbotenen] Ernten.« R. Jochanan und R. Schim'on b. Lakisch sollen sich mit jenen Bestimmungen sogar dreieinhalb Jahre auseinandergesetzt und jeder der 39 verbotenen Hauptarbeiten 39 Unterarbeiten zugeordnet haben (p Schab VII(2) 9b). Für das Verständnis der neutestamentlichen Erzählung von den am Sabbat Ähren ausraufenden Jüngern (Markus 2,23 - 28) ist jener - obwohl erst aus dem 3. Jh. n. Chr. stammende - rabbinische Beleg insofern wichtig, als er deutlich macht, daß Ährenausraufen zur Kategorie »Ernten« - verbotene Arbeit Nr. 3 - gehörte und bei vorsätzlichem Tun trotz vorheriger

Warnung (siehe Markus 2,24) laut Altem Testament (4. Mose 15,32 ff.) mit Steinigung zu ahnden gewesen wäre. Im übrigen findet sich das Ernteverbot am Sabbat - neben dem des Säens - direkt in der Tora (2. Mose 34,21), hätte demnach gar nicht aus den Anweisungen zum Stiftshüttenbau entfaltet werden müssen. Aus schon erwähntem Jesajawort von der »Wonne des Sabbats« (58,13), wo auch Geschäften nachzugehen am Sabbat ausdrücklich verboten ist, schließt bT: »Deine [Geschäfts-]Angelegenheiten sind verboten, [hingegen] Angelegenheiten des Himmels (Gottes) erlaubt ... Deine Sabbatrede sei nicht wie deine Werktagsrede. Reden [über geschäftliche Dinge] ist verboten, Nachdenken [aber] erlaubt.« (b Schab 113a/b)

Wir wollen nun an einer typisch rabbinischen Diskussion teilnehmen, die sich um den Mischnasatz »Alle, die [etwas am Sabbat] zerstören, sind schuldfrei« dreht (M Schab XIII 3). Zur Erinnerung: Die Rabbinen verbieten jegliches konstruktive, erwerbsmäßige Tun am Sabbat, nicht aber völlig sinnloses, destruktives Handeln. Der Übersichtlichkeit halber ist die Gemara (b Schab 106a) in fünf Teile untergliedert worden:

»[I] R. Abbahu lehrte in Gegenwart von R. Jochanan: Alle, die [etwas] zerstören, sind schuldfrei, ausgenommen der Verletzungen Zufügende und Brandstifter.

[II] Da antwortete er (Jochanan) ihm: Geh und lehre dies draußen! Dies von dem Verletzungen Zufügenden und dem Brandstifter ist nicht gelehrt worden. Und wollte man annehmen, dies sei doch gelehrt worden, so handelt es sich um einen Verletzungen Zufügenden, der das [Blut] für seinen Hund braucht, [bzw.] um einen Brandstifter, der die Asche braucht.

[III] Wir haben aber gelernt: ›Alle, die [etwas] zerstören, sind schuldfrei‹. Unsere Mischna entspricht der R. Jehudas, die *Baraita* [aber der Ansicht] R. Schim'ons.

[IV] Was ist die Begründung R. Schim'ons?: Da ein Schriftvers dazu nötig ist, die Beschneidung [am Sabbat] zu erlauben, so ist ein Verletzungen Zufügender generell schuldig. Und da der Allbarmherzige hinsichtlich einer Priesterstochter die Verbrennung [am Sabbat] verboten hat, so folgt daraus: Ein Brandstifter ist generell schuldig.

[V] Und R. Jehuda[s Ansicht]?: In jenem Fall verbessert er. Dies nach R. Aschi. Denn Rab Aschi sagte: Welchen Unterschied gibt es denn zwischen der Verbesserung der Beschneidung und der Verbesserung (Reparatur/Herrichtung) eines Gerätes? Welchen Unterschied gibt es zwischen dem Kochen von Blei und dem Kochen von Färbematerialien?«

Diese Gemara umfaßt im aramäischen Original nur 13 Zeilen mit je sechs oder sieben Wörtern, was die Dichte des Ausdrucks und die Beschränkung auf das Wesentliche der Debatte unterstreicht. Keine heutige Erklärung ist deshalb ohne weitere Hintergrundinformationen möglich.

[zu I] R. Abbahu will den allgemeinen Mischna-Satz einschränken durch die beiden Ausnahmen des Verletzungen Zufügenden und des Brandstifters - wohl im Blick auf das mögliche Schadensausmaß.

[zu II] Jochanan weist ihn barsch zurück: »Lehre dies bitte nicht hier bei uns!« Wären aber diese Ausnahmen doch gelehrt worden, so würde es sich etwa um eine Verletzung zwecks Nahrungsbeschaffung für den Hund oder um eine Brandstiftung zum Zwecke der Aschengewinnung - vielleicht für medizinische Mittel - handeln. Es wäre folglich im Zerstörerischen doch eine konstruktive Zielsetzung enthalten, was aber am Sabbat verboten ist. Nur darauf bezogen könnte man jene beiden Einschränkungen akzeptieren.

[zu III] R. Jochanan verteidigt den uneingeschränkt gültigen Mischna-Satz. Die Kontroverse wird nun noch einmal unter Berücksichtigung der Ansichten von R. Jehuda (für die Mischna) und R. Schim'on (für die *Baraita*, die nichtgültige Nebenmischna) weitergeführt, wobei die abzulehnende Meinung R. Schim'ons zuerst wiedergegeben wird.

[zu IV] Er plädiert im Sinne R. Abbahus für jene zwei Ausnahmen: Da Gott ausdrücklich die Beschneidung eines Knaben, die ja eine Verletzung darstelle, am achten Tag nach der Geburt - egal ob es ein Werktag oder Sabbat ist - befohlen habe (3. Mose 12,3), müsse man daraus schließen, daß man für alle anderen Verletzungen, die man am Sabbat zufügt, schuldig sei, da sich kein weiterer Schriftbeleg fände. Nur die Beschneidung verdrängt den

Sabbat, keine andere Verletzung! Und umgekehrt gilt für R. Schim'on: Da Gott sogar die Verbrennung einer ehebrecherischen Priesterstochter am Sabbat verboten habe, so sei das Prinzip: Jeder Brandstifter am Sabbat ist schuldig. Man muß hierzu 3. Mose 21,9 in Kombination mit 2. Mose 35,3 lesen und wissen, daß die Verbrennungsstrafe durch Hineingießen von kochendem Blei in den Mund des Verurteilten vollstreckt wurde. Jene verbotene Hinrichtung - obwohl etwas Destruktives - ist für R. Schim'on der Beweis, daß überhaupt keine Sabbatbrandstiftung straffrei ist.

[zu V] R. Jehuda aber stützt sowohl die Anfangsmischna wie R. Jochanan: Gegen R. Schim'on gemünzt erklärt er, daß die von jenem angeführten Schriftbelege für diese Diskussion untauglich sind. Denn in beiden Fällen gehe es um eine Verbesserung, nicht um etwas Zerstörerisches. Durch seine Beschneidung wird doch ein jüdisches Kind in den Bund Gottes mit Israel aufgenommen! Und vor einer Hinrichtung durch Verbrennung muß zuvor das Blei erhitzt werden, was eben am Sabbat nicht erlaubt ist (»ihr sollt kein Feuer anzünden ...«). Der zerstörerischen Handlung der Verbrennung geht die konstruktive des Bleikochens vorauf. Beide Schriftbelege beweisen darum nichts - weder für noch gegen die Mischna. Dies unterstreicht R. Jehuda durch Zitieren der rhetorischen Doppelfrage Rab Aschis: Es gibt gar keinen Unterschied zwischen der Durchführung einer Beschneidung und der Reparatur eines Gerätes: Beides ist konstruktiv! Genausowenig ist ein Unterschied zwischen Bleikochen und dem Kochen anderer Dinge: Beides ist konstruktiv.

Mit anderen Worten: Die Mischna ist in ihrer uneingeschränkten Fassung gültig. Zerstörerisches Tun am Sabbat ist erlaubt, wobei anzufügen ist: Ein Brandstifter würde zwar nicht des Sabbatbruches bezichtigt, wohl aber wegen des angerichteten Schadens vor Gericht gestellt werden. Wir sehen an jenem Beispiel, wie sich eine Mischna allmählich verfestigt, wie man sie biblisch zu begründen oder zu widerlegen sucht, wie verschiedene Meinungen gegeneinander abgewogen werden und welcher Stellenwert der Ansicht namhafter Rabbinen, auf die man sich berufen kann, zukommt. Sowohl Mischna wie Gemara lassen darum auf ein langes Wachstum schließen.

Aufgabe: Versuchen Sie, folgendes Sabbatverbot zu erklären: M Schab XII 3 lautet: »Wer zwei Buchstaben schreibt, sei es mit seiner rechten, sei es mit seiner linken Hand, sei es von einem Wort, sei es von zwei Wörtern, sei es von zwei Merkzeichen in jeglicher Sprache, ist schuldig. Rabbi Jose sagte: Sie (die Weisen) bestraften [bereits das Schreiben von] zwei Buchstaben wegen Zeichnens (Markierens), denn so schrieb man auf die Bretter der Stiftshütte, um die zusammengehörenden zu erkennen.« Ein Ausschnitt aus der Gemara (b Schab 103a): »Erklärlich ist es, daß man schuldig ist, wenn man mit der Rechten [schreibt], weil dies die übliche Art des Schreibens ist. Weshalb aber [ist man schuldig, wenn man] mit der Linken [schreibt]; sicherlich ist dies nicht die übliche Art des Schreibens? R. Jirmeja antwortete: Dies gilt von einem Linkshändigen. - Bei ihm sollte doch die Linke als Rechte eines jeden anderen Menschen gelten, und er sollte schuldig sein [wegen Schreibens] mit seiner Linken, aber [doch] nicht [,wenn] mit seiner Rechten? - Aber Abaje sagte: Dies [Mischnawort] gilt [vielmehr] von dem mit beiden Händen gleich Geschickten. - R. Ja'akob, Sohn von Ja'akobs Tochter, sagte: [Vielmehr:] Dies gilt nach R. Jose, der sagte: Sie (die Weisen) bestraften [bereits das Schreiben von] zwei Buchstaben wegen Zeichnens. (Man ist daher schuldig, auch wenn man nur eine Schramme auf zwei Brettern oder zwei Schrammen auf einem Brett eingeritzt hat.) Wenn aber der Schlußteil [der Mischna] R. Joses Ansicht darstellt, so ist der Anfang [der Mischna] nicht die R. Joses? - Die gesamte [Mischna] ist die Rabbi Joses!«

12. Vom »Jota« oder »Häkchen« der Tora

Das Thema »Rechte und Rolle der jüdischen Frau« findet ausführlichst in *Seder* III Behandlung, ist aber bis heute Gegenstand heißer Diskussion. Bekanntlich folgt das gesamte Eherecht für die jüdischen Mitbürger des modernen Staates Israel den talmudischen Bestimmungen. Für Fragen von Eheschließung und -scheidung sind ausschließlich religiöse Rabbinergerichte zu-

ständig, deren Urteil sich auch liberale Juden beugen müssen. Über Möglichkeiten einer standesamtlichen Trauung wird zumindest nachgedacht. Noch ist bei der Hochzeit die *Ketubba*-Urkunde (siehe S. 49) und bei Scheidung die Ausstellung des *Get*, »Scheidebriefes«, durch den Mann erforderlich. Während die *Ketubba*-Institution eine rein rabbinische Neuerung zum Nutzen der geschiedenen oder verwitweten Frau ist, fußt die Scheidebriefpraxis direkt auf der Tora (5. Mose 24,1ff.). Beginn und Ende einer Ehe sind darum streng vertraglich geregelt - leider nicht in jedem Fall zugunsten der Frau.
Auch hinsichtlich der Stellung der Frau in der jüdischen Gemeinschaft und im Gottesdienst gibt es feministische Aufbrüche. Prinzipiell sind Männer wie Frauen zur Einhaltung der Halacha verpflichtet, doch Frauen automatisch befreit von der Erfüllung solcher Vorschriften (*Mizwot*), deren Ausübung von einer bestimmten Zeit abhängig ist. So dürfen sie beim täglichen Gebet weder Gebetsschal noch -riemen anlegen und werden auch nicht zur Toralesung im Sabbatgottesdienst aufgerufen. Für Aufsehen sorgen deshalb immer wieder Frauen der jüdischen Reformbewegung, die an der Klagemauer in Jerusalem mit Torarolle, Käppchen (*Kippa*) und Gebetsschal versehen beten wollen. Orthodoxe Juden sehen darin eine genauso große Verunreinigung jener heiligen Stätte wie durch ein unreines Lebewesen.
Schon in der Mischna besteht eine Kontroverse darüber, ob ein Vater seine Tochter überhaupt die Tora lehren dürfe. Einerseits spricht sich Ben Azai rückhaltlos dafür aus; andererseits wehrt sich R. Eli'ezer ben Hyrkanos vehement dagegen: »Wer seine Tochter Tora lehrt, der lehrt sie Ausschweifung.« (M Sot III 4) Grundtenor in heutiger Zeit: Torastudium ist für eine Frau etwas Freiwilliges. Doch um ihre Identität als Jüdin zu wahren und um ihr Leben im Haus und als Mutter toragemäß führen zu können, sind für sie Torakenntnisse unabdingbar, weshalb man sie von deren Erwerb nicht abhalten darf. Ähnlich zwiespältig ist die rabbinische Antwort auf die Frage, wann sich ein Mann von seiner Frau scheiden lassen dürfe, gewesen: »Die Schule Schammais sagt: Man darf sich von seiner Frau nicht scheiden, außer wenn man an ihr etwas *Schändliches* gefunden hat, denn es heißt

[5. Mose 24,1]: ›weil er an ihr etwas *Schändliches* gefunden hat‹. Aber die Schule Hillels sagt: Selbst wenn sie seine Suppe versalzen hat [, darf man sich von ihr scheiden], denn es heißt: ›weil er an ihr *etwas* Schändliches gefunden hat‹.« (M Git IX 10) »R. Eli'ezer sagte: Jeder, der sich von seiner ersten Frau scheidet, über den vergießt sogar der Altar (d. h. Gott) Tränen.« (b Sanh 22a) Übrigens würde sich die Meinung der Schammaischule mit Jesu Bergpredigtwort, daß man seine Frau nicht entlassen darf - »außer wegen einer Unzuchtsache« (Matthäus 5,32) - decken, während Jesus nach Markus (10,11) das völlige Scheidungsverbot lehrt und damit noch über R. Eli'ezers Ansicht hinausgeht. Die ambivalente Haltung des Talmuds zur Frau an sich sei ferner durch zwei gegensätzliche *Haggadot* unterstrichen: »R. Akiba pflegte über Übertretende einer Übertretung (Sünder) zu spotten. Eines Tages erschien ihm der Satan (!) in Gestalt einer Frau auf der Spitze einer Palme (, um ihn selbst zur Sünde zu verführen). Da ergriff R. Akiba die Palme und kletterte hinauf. Als er aber die Hälfte der Palme erreicht hatte, verließ ihn jener, indem er sprach: Wenn sie nicht am Firmament (Himmel) ausrufen würden: Habt acht auf Rabbi Akiba und seine Tora! - ich hätte dein Blut nur zwei Mea (eine praktisch wertlose Kupfermünze) wert eingeschätzt«, frei wiedergegeben: Dein Leben wäre keinen Pfifferling mehr wert gewesen (b Kid 81a). - »Rab sagte: Stets sei man vorsichtig mit der Kränkung seiner Frau, denn da Tränen bei ihr häufig sind, ist auch [die Ahndung] ihrer Kränkung nahe. ... R. Chelbo sagte: Stets sei ein Mensch auf die Ehrung seiner Frau bedacht, denn nur um seiner Frau willen waltet der Segen im Haus eines Menschen, denn es heißt [1. Mose 12,16]: ›Und er tat Abram Gutes ihretwegen.‹« (b BM 59a)

Diese Geschichten zeigen, daß es keine normative, allein richtige rabbinische Position zur Frauenfrage gibt. Es sind Einzelmeinungen, wohl nicht selten bedingt durch persönliche leidvolle oder beglückende Erfahrungen. Für den einen mag die Frau satanische Verführung verkörpern; für den anderen ist sie der des Schutzes bedürftige Segen. Die Talmudlehrer machen sich biblische Worte für ihre unterschiedliche Wertung zu eigen, ja können sogar dieselbe Torastelle durch Betonung verschiedener Wörter völlig gegensätzlich ausdeuten (s.S. 62f. zu 5. Mose 24,1). Daß Rabbinen selbst über einen einzigen Buchstaben der Tora konträre Schlußfolgerungen anstellen können, demonstriert folgender haggadische Text - zugleich beeindruckende Illustration des bekannten Jesuswortes: »Bis daß Himmel und Erde vergehen, wird kein Jota oder Häkchen vom Gesetz (der Tora) vergehen.« (Matthäus 5,18)

Eine Verständnishilfe zuvor: Man streitet um die Frage, ob von der Schöpfung her die Frau dem Mann gleichberechtigt oder untergeordnet ist. Wir wissen heute, daß es im 1. Mosebuch zwei Schöpfungsberichte mit unterschiedlicher Akzentsetzung - nicht zuletzt im Blick auf die Stellung der Frau - gibt. Nach dem einen schafft Gott den Menschen als Mann und Frau und gibt beiden den Auftrag, einander zum Segen zu gereichen und die Erde zu bewirtschaften (1. Mose 1,27f.; 5,1f.). Der andere hingegen enthält die Erzählung von der Erschaffung der Frau aus Adams Rippe und schließlich Gottes Strafe: »Und dein Verlangen wird nach deinem Manne sein. Aber er soll dich beherrschen.« (1. Mose 2,21ff.; 3,16) Erster Bericht dokumentiert nach jüdischer Sicht die seit der Schöpfung angelegte Gleichstellung von Mann und Frau, der zweite jedoch die zeitliche Nach- und rangmäßige Unterordnung der Frau. Natürlich betreiben die Rabbinen noch keine modern wissenschaftliche Quellenscheidung und müssen daher die widersprüchlichen Aussagen miteinander vereinbaren. Nicht verwunderlich, daß je nach persönlicher Einstellung des betreffenden Auslegers die eine oder die andere Position des Mannes zur Frau die Oberhand erhält. Diese listet nun unser Textstück auf (b Ber 61a):

»[I] R. Nachman b. R. Chisda legte aus: Warum steht mit zwei *Jod* [statt nur einem] geschrieben: ›Da bildete (hebräisch: *wajjizer*) der Herr, Gott, den Menschen‹ [1. Mose 2,7]? Zwei Triebe (Leidenschaften, hebräisch: *jezarim*) hat der Heilige, gepriesen sei er, [im Menschen] erschaffen: einen guten Trieb und einen bösen Trieb.

[II] R. Nachman bar Jizchak wandte gegen ihn ein: Dann hätte also das Vieh, bei dem ›und er bildete‹ nicht so geschrieben steht [, sondern nur mit einem *Jod*: *wajizer*; 1. Mose 2,19] keinen [bösen] Trieb. Aber wir sehen doch, wie es Schaden anrichtet, beißt und ausschlägt!

[III] Dies ist vielmehr nach R. Schim'on b. Pazi zu erklären. R. Schim'on ben Pazi sagte nämlich: Wehe mir vor meinem Schöpfer (wörtlich: Bildner, hebräisch: *jozri*) und wehe mir vor meinem Trieb (*jizri*).

[IV] Oder auch nach R. Jirmeja b. El'azar, denn R. Jirmeja b. El'azar sagte: Zwei Gesichter schuf der Heilige, gepriesen sei er, am ersten Menschen, denn es heißt [Psalm 139,5]: ›Hinten und vorn hast du mich umschlossen/geformt.‹

[V] ›Und der Herr, Gott, baute die Rippe [zur Frau].‹ [1. Mose 2,22] Rab und Schemu'el [debattierten darüber]. Der eine sagte: [Es war] ein Gesicht; der andere sagte: [Es war] ein Schwanz. ...

[VI] Erklärlich ist es nach demjenigen, welcher sagte: [Es war] ein Gesicht, denn ›und er bildete‹ ist mit zwei *Jod* geschrieben. Warum aber heißt es ›und er bildete‹ nach demjenigen, der sagte: [Es war] ein Schwanz?

[VII] Dies nach R. Schim'on b. Pazi, denn R. Schim'on b. Pazi sagte: Wehe mir vor meinem Schöpfer (*jozri*) und wehe mir vor meinem Trieb (*jizri*).«

Die Erklärung: [zu I] Es beginnt recht unverfänglich. R. Nachman b. R. Chisda fällt auf, daß das hebräische »und er (Gott) bildete ...« mit zwei *Jod* (dem griechischen Jota) geschrieben steht, obwohl eines genügen würde. Während wir heute von einer einfachen Leschilfe sprechen würden, findet jener Rab darin einen Hinweis auf die beiden Triebe des Menschen. Die hebräischen Worte *jazar*, »bilden«, und *jezer*, »Trieb«, sind eng miteinander verwandt. Der böse Trieb zeigt sich übrigens in menschlichem Neid, Habgier, Gelüsten, auch im Geschlechtstrieb, und läßt sich nur durch Torastudium zügeln. R. Nachman b. Chisda würde also 1. Mose 2,7 so übersetzen: »Da bildete der Herr, Gott, den Menschen mit zwei Trieben.«

[zu II] R. Nachman b. Jizchak widerlegt jedoch diese Deutung, indem er auf 1. Mose 2,19 hinweist, wo »und er bildete ...« - von der Erschaffung des Viehs ausgesagt - wie üblich nur mit einem *Jod* geschrieben ist, und kontert ironisch: »Also hätte das Vieh dann nur einen, nämlich den guten Trieb. Doch da es sich oft

genug als störrisch und gefährlich erweist, muß es auch einen bösen Trieb besitzen. Darum ist die Deutung des bzw. der *Jod* auf den Trieb falsch!«
[zu III] Einen neuen Ansatz - wieder wortspielartig - bringt R. Schim'on: Das doppelte *Jod* von 1. Mose 2,7 bezieht er auf »meinen Schöpfer«, das zweite auf »meinen Trieb«. Der Mensch hat demnach den Tieren das Gewissen voraus und die Fähigkeit, sich für das Gute statt für das Böse entscheiden zu können. Frei wiedergegeben: »Wehe mir vor meinem Schöpfer, wenn ich meinem Trieb gehorche! Wehe mir vor meinem Trieb, wenn ich meinem Schöpfer gehorche!«
[zu IV] Wieder eine andere Deutung fügt R. Jirmeja an, wenn er die beiden *Jod* auf den gleichwertigen männlichen und weiblichen Teil des ersten Menschen Adam bezieht. Jirmeja vertritt nämlich die These, daß Adam ein Zwittergeschöpf mit zwei Gesichtern - einem vorn und einem hinten - war. Durch seine Teilung, vergleichbar der siamesischer Zwillinge, entstand die Eva. Jirmeja interpretiert demnach 1. Mose 2,7 von 1. Mose 1,27 her und spricht sich für die Gleichstellung von Mann und Frau aus, worauf auch beide *Jod* deuten. Damit hat er zum Thema »die Frau« übergeleitet.
[zu V] Es folgt unmittelbar die Wiedergabe der Auseinandersetzung zwischen Rab und Schemu'el um das richtige Verständnis der Erzählung von der Rippe Adams, wobei 1. Mose 2,7 mit 1. Mose 2,22 in Verbindung gebracht wird. Frage ist: War das, woraus Eva erschaffen wurde, ein Gesicht - der wertvolle, göttliche Teil des Adam - oder ein Schwanz - der unansehnliche, animalische Teil? Für erstere These muß man wissen, daß das hebräische Wort für »Rippe« auch »Seite (des Menschen)« bedeuten kann. Baute Gott Eva aus einer der beiden Seiten oder aus einem überflüssigen Teil Adams? Ist also die Frau dem Mann gleichgestellt, wie eben Jirmeja behauptete, oder untergeordnet?
[zu VI] Zunächst gibt Rab ein Plädoyer für die Ebenbürtigkeit der Frau. Wie Jirmeja deutet er die beiden *Jod* von 1. Mose 2,7 auf die beiden Gesichter bzw. auf die zwei Seiten des Urmenschen. Doch wie läßt sich Schemu'els Meinung, die Frau stamme aus dem Schwanz Adams, begründen?

[zu VII] Schemu'el kann sich hierbei auf die schon angeführte Sicht Schim'ons zu 1. Mose 2,7 berufen: Die beiden *Jod* drücken die Spannung des Menschen zwischen Gott und dem bösen Trieb aus. Doch im jetzigen Zusammenhang wird der böse Trieb mit der Frau identifiziert und diese deutlich gegenüber dem Mann abgewertet. Der Mann: hin- und hergerissen zwischen Gott (oben) und der Frau (unten), zwischen Heilig-Reinem und Irdisch-Sexuellem!
Fazit: Der Talmud diskutiert in mehreren Anläufen die schöpfungsbedingte Gleich- oder Unterordnung der Frau, ohne freilich ein endgültiges Urteil zu fällen. Mehrdeutige Auslegungen und Kombinationen von Bibelstellen stehen unvermittelt nebeneinander. Letztlich hängt alles an dem einen Häkchen jenes überzähligen *Jod* . Nebenbei bemerkt: Dieselbe Gemara führt noch vier weitere Argumentationsreihen zur Kontroverse, ob die Frau dem Gesicht oder dem Schwanz des Adam nachempfunden sei, an. Doch soll am Ende ein positives Wort stehen: »R. El'azar sagte: Jeder Mensch, der keine Frau hat, ist gar kein Mensch, denn es heißt [1. Mose 5,2]: ›Männlich und weiblich erschuf er sie ... und rief ihren Namen: Mensch.‹« (b Jeb 63a) M. a. W., ein Mann ohne Frau (und umgekehrt) wäre ein Un-Mensch, ein nicht vollständiger Mensch.

Aufgabe: Beschäftigen Sie sich mit folgender Haggada aus dem Gebiet der Mystik und Sphärenkunde (b Chag 14b-15b). Was ist ihr Lernziel, ihre Moral? »Die Rabbanan (Meister) lehrten: Vier traten ins Paradies ein (d. h. unternahmen eine Himmelsreise). Diese sind: Ben Azai, Ben Zoma, Acher und R. Akiba. R. Akiba sprach zu ihnen: Wenn ihr zu den glänzenden Marmorsteinen gelangt, dann ruft nicht: Wasser, Wasser! Denn es heißt [Psalm 101,7]: ›Ein Lügner soll nicht vor meinen Augen bestehen.‹ Ben Azai schaute und starb. Über ihn sagt die Schrift [Psalm 116,15]: ›Kostbar ist in den Augen des Herrn das Sterben seiner Frommen.‹ Ben Zoma schaute und wurde [mit Irrsinn] geschlagen. Über ihn sagt die Schrift [Sprüche 25,16]: ›Hast du Honig gefunden, so iß [davon nur], was du benötigst, damit du seiner nicht überdrüssig wirst und ihn ausspeist.‹ ... Acher schnitt die Pflanzungen ab (bildlich für: er streifte seine jüdischen Wurzeln, sein Judesein, ab). Über ihn sagt die Schrift [Prediger 5,5]: ›Erlaube deinem Mund nicht, deinen Leib in Schuld zu bringen!‹ ... [Nur] R. Akiba stieg in Frieden (unversehrt) hinauf und kam in Frieden herunter. Über ihn sagt die Schrift [Hoheslied 1,4]: ›Zieh mich dir nach, laß uns laufen!‹«

13. Durch Zeit und Raum: Was eine Talmudseite erzählt

Im Handel befindliche Ausgaben des babylonischen Talmuds enthalten nicht bloß den Talmudtext. Vielmehr sind ihm mittelalterliche und neuzeitliche Kommentare, sozusagen die Gemara der Gemara, zugesellt, die zur Erhellung vieler dunkler Stellen beitragen. Dies war noch nicht der Fall in schon erwähntem ältesten, vollständig gebliebenen Manuskript von 1343 (*Codex Hebraicus* 95, München): Hier findet sich in der Mitte jeder Seite die Mischna, um die herum die Gemara angeordnet ist, daneben noch einige Kurzkommentare und Glossen. Doch bereits die von Daniel Bomberg 1520-23 in Venedig gedruckte erste Gesamtausgabe berücksichtigt die Auslegungen Raschis und der Tosafisten (siehe unten); Seitenzählung wie -aufteilung ist die bis heute gültige. Die meisten Kommentare sind aber der sorgfältig von der Druckerfamilie Romm besorgten Edition Wilna (Vilnius) 1880-86 beigegeben, die somit die Vorlage für alle seitdem erschienenen Nachdrucke bildet. Übrigens fertigte Romm/Wilna auch die mit Kommentaren versehene Ausgabe des palästinischen Talmuds an (7 Bände, 1922), doch erfreut sich heute die von Krotoschin/Krakau 1866 hergestellte größerer Beliebtheit: Zwar enthält sie keine weiteren Auslegungen zu pT, ist aber als einbändiges Werk leicht handhabbar. Stellen werden deshalb offiziell nach ihr zitiert (Name des Traktates, Kapitel- und Halachaangabe sowie Blatt- und Spaltenzahl: p Ber I 5, 3c = palästinischer Talmud, Traktat *Berachot*, Kapitel I, Halacha 5, Blatt 3, Spalte c).

Betrachten wir aber nun eine Seite von bT (siehe ihre stark verkleinerte Wiedergabe in der Abbildung, die diesem Buch beiliegt): Eine unruhig wirkende, diffus erscheinende, unsystematische Anordnung; Flickwerk-Eindruck! Verschiedene Spalten, doch keine Absätze oder Satzzeichen sind erkennbar. Der Wechsel von Groß- und Kleindruck sowie die Verwendung verschiedener hebräischer Schrifttypen fällt auf. Ein Sprachenkundiger stellt unschwer einen mehrfachen Wechsel zwischen Hebräisch und Aramäisch oder zwischen alten und mittelalterlichen Begriffen fest. Wo beginnt man mit dem Lesen? Gewiß nicht am Rand, denn dort stehen nur kurze Anmerkungen, die auf den Text in der Mitte zurückweisen. Er - mit den größten Lettern - bildet den »harten Kern«. Darum ist von ihm aus, von innen nach außen voranzuschreiten!

Doch wo im Talmud befindet sich überhaupt diese Seite? Die sechs Wörter in der Kopfzeile verraten - natürlich von rechts nach links gelesen! - den Namen (d. h. die Anfangsworte) und die Zahl des betreffenden Mischnakapitels, sodann den Titel des Traktates: »Folgende werden erdrosselt - Kapitel X - *Sanhedrin.*« Somit haben wir hier einen Ausschnitt aus M Sanh X samt Gemara vorliegen. Die beiden etwas links davon abgerückten Buchstaben ebenfalls in Fettdruck nennen mittels ihres Zahlenwertes die Seitenzahl, korrekter: die Blattzahl, denn der Talmud wird nach Folien - also Doppelseiten - gezählt. Vorder- und Rückseite eines Talmudblattes tragen darum dieselbe Ziffer. Steht sie wie hier links außen, liegt uns die Vorderseite (a) vor, steht sie rechts, kann es sich nur um eine Rückseite (b) handeln. Unsere Seite richtig zitiert: b Sanh 89a. Nach herkömmlicher Buchseitenzählung wäre dies Seite 177: (88 x 2 =) 176 + 1. Unser Traktat über die Funktionen des Hohen Gerichtshofes weist insgesamt 113 Folien auf.

Wenn wir uns der Mitte des Blattes zuwenden, scheint es hilfreich zu sein, die Zeilen von 1 bis 55 durchzunumerieren. Dies ist der eigentliche Talmud. Zwecks Unterscheidung von Mischna- und Gemaratext sind die fettgedruckten (abgekürzten) Wörter zu beachten. So enthält Zeile 6 das aramäische *matni[tin]*, »unsere Mischna«. Folglich beginnt mit den beiden letzten Wörtern eine

Halacha, die bis einschließlich des ersten Wortes von Zeile 15 reicht. Denn dann markiert das aramäische *gem[ara]* den Beginn der Kommentierung voranstehender Mischna. Sie endet dort, wo wieder das fettgedruckte Wort *matni[tin]* auftaucht: in der Mitte von Zeile 28. So besteht die mittlere Kolumne aus einer Zusammenstellung von je einer Halacha und dazugehöriger Gemara: Z. 1-6 ist der Abschluß einer Gemara, die auf der vorherigen Seite (88b) begann, Z.6-15 Mischna, Z.15-28 die Gemara dazu, Z.28-34 ein neuer Mischnasatz, Z.34-55 der Anfang der auf sie bezogenen Gemara, die auf der Blattrückseite (89b) ihre Fortführung findet. Den ältesten Teil unserer Seite stellen folglich die Z.6-15/28-34, zu Beginn des 3. Jh. n. Chr. im Land Israel entstanden, dar. Die Gemara stammt aus Babylonien, dem heutigen Irak, und wurde 300 Jahre nach der Mischna fixiert.
Der nächste räumliche und zeitliche Sprung führt ins Nordafrika des 11. Jh.: Hier kam der die Mittelspalte unten rahmende, im letzten Drittel des linken Randes einsetzende Kommentar von Rabbenu Chanan'el (ben Chuschi'el) - etwa 990-1055 - hinzu. Er lebte in der für den Islam viertheiligsten (heute tunesischen) Stadt Kairouan, wo es bedeutende jüdische Akademien gab, die Verbindung zu den babylonischen Schulen hielten. Da Chanan'el sowohl auf jener babylonischen Tradition fußte, als auch in strittigen Punkten pT zum Vergleich heranzog, trug er zum Brückenschlag zwischen der babylonisch-nordafrikanischen und palästinisch-europäischen Richtung bei. Er nahm sich immer ganze Gemara-Abschnitte, nicht bloß bestimmte Ausdrücke, vor, die er erläuterte, um dann halachische Entscheidungen zu treffen. Diese Auslegung wurde zuerst der Wilnaer Talmudedition beigegeben. Bleibt anzumerken, daß Chanan'el nicht zu jedem Traktat abgedruckt ist. Statt seiner kann ein für bestimmte Themen namhafterer Kommentator Berücksichtigung finden, z. B. der in jenen Tagen ebenfalls in Kairouan wirkende Rab Nissim ben Ja'akob Gaon für den Traktat *Berachot* oder Rabbenu Gerschom (ben Jehuda) - gestorben 1028 in Mainz - für den Traktat *Baba Batra*. - An der Schwelle zum 12. Jh. entstand in Frankreich die den Talmud oben rechts umgebende Erklärung, im Unterschied zu der Chanan'els fast nie fehlend und immer in der inneren, zum

Buchrücken ausgerichteten Großspalte befindlich, demnach auf der Blattrückseite links anzutreffen. Er wird kurz *Kuntres*, »(der klassische) Kommentar«, genannt und rührt von Raschi (Abkürzung von: Rabbi Schlomo Jizchaki) - 1040-1105 - her, der in Mainz und Worms studiert hatte und danach in seiner Geburtsstadt Troyes in der nordfranzösischen Champagne eine Schule begründete. Dieser berühmte europäische Gelehrte, der sich neben seiner bis auf wenige Traktate kompletten Talmudauslegung auch durch Bibelkommentare einen unvergänglichen Namen gemacht hat, unterzog viele Talmudhandschriften einer sorgfältigen Textkorrektur, weshalb wir bei ihm öfter die Formel finden: »So haben wir zu lesen.« Seine Worterklärungen sind konkretanschaulich; fand er kein verwandtes im Hebräischen, griff er auf den altfranzösischen oder provencalischen Wortschatz zurück. In seinem Text erkennen wir unschwer wieder die durch Fettdruck herausgehobenen Abkürzungen *matni[tin]* (Z.2.19) und *gem[ara]* (Z.9.24), wo er kurz die Mischna oder Gemara ins Gedächtnis zurückruft, um daran Neues anzuhängen. Beispiel: In Z.21 der Raschi-Spalte ist das dritte und vierte Wort Zitat aus der Mischna (Mittelspalte Z. 29 Ende), das letzte dieser und die ersten fünf Wörter von Z.22 aber seine Erläuterung. Die Mischna spricht generell von einem Propheten, »der seine Prophezeiung zurückhält«; Raschi präzisiert: »der sie nicht ausspricht wie z. B. Jona ben Amittai«. Aufgrund seiner pädagogischen Zielsetzung und prägnanten Kürze wurde der Kommentar fortan unverzichtbar für jeden Talmudgelehrten und fehlt schon nicht in den allerersten Druckausgaben. Raschis Schwiegersohn Jehuda ben Natan und andere Schüler ergänzten fehlende Stücke, möglicherweise auch dieses Kapitel. Übrigens soll Raschi gestorben sein, als er gerade das Wort *tahor,* »rein«, in seiner Erklärung des Traktates *Makkot* niedergeschrieben hatte (b Mak 19b).

Noch ein Wort zur sogenannten »Raschi-Schrift«: Sein Kommentar wurde nicht in den üblichen hebräischen Quadratschrift-Lettern, sondern in kursiv geschriebenem, Platz sparendem Hebräisch, dem wir in vielen späteren halachischen Werken begegnen, gedruckt. Dies war die im jüdisch-spanischen und südfranzösischen Kulturraum übliche Schrift. Raschi selbst hat sie darum gar nicht verwendet. Vielmehr bedienten jüdische Auswanderer von dort die ersten hebräischen Druckmaschinen und übernahmen »ihre Schriftzeichen« zunächst für die Raschi-Auslegung zur Tora. Der Bombergsche Talmuddruck von 1520-23 favorisierte dann jene Praxis, und der Name »Raschi-Schrift« war fortan geprägt.

Wir begegnen ihr auch in der den Talmud links oben, unter der Seitenangabe, rahmenden Spalte. Sie datiert aus dem 12.-14. Jh. und geht auf die Hand von Raschi-Enkeln (Ribam, Raschbam, Rabbenu Tam) und späteren Gelehrten Nordfrankreichs und Deutschlands zurück. Aus Ehrerbietung gegenüber Raschi nennen sie sich *Tosafisten* , »Ergänzer«, darum ihr hier vorliegendes Werk *Tosafot* , »Ergänzungen (zu Raschi)«, Abschluß der unvollendet gebliebenen Arbeiten. Wie Raschi immer in der Innenspalte zu finden ist, stehen diese immer in der Außenspalte neben bT. Es handelt sich dabei nicht mehr um einen fortlaufenden Kommentar, sondern um die detaillierte Besprechung bestimmter Passagen und ausgewählter Probleme. Treffend wäre die Bezeichnung »Sammelwerk«, zusammengestellt nach der Reihenfolge der Traktate und analog zur Raschi-Vorlage. Dieser geistigen Bewegung der Tosafisten ging es um die vertiefende Klärung bestehender Widersprüche in halachischen Bestimmungen, die sie zuerst in mündlichen Debatten fanden und hernach schriftlich ordneten. Zumindest der Redestil läßt darauf schließen: »Und wenn du behauptest, daß ..., dann ist darauf so zu antworten: ...« Es war die Zeit, als neue Talmudhandschriften auftauchten, die es kritisch zu würdigen galt. Genauso mußte die nordafrikanische Tradition, z. B. Chanan'el, berücksichtigt werden.

In den *Tosafot* werden - wie bei Raschi - Mischna-/Gemaraworte vor ihrer tieferen Erklärung kurz zitiert, wobei jeweils das erste in Quadratschrift mit Fettdruck steht. Beispiel: Die ersten drei Worte von Z.1 stammen ebenfalls aus Z.1 der Mittelspalte. Hingegen ist der Beleg des dritten fettgedruckten Satzanfanges (Z.31) erst auf der Blattrückseite im Mittelteil zu entdecken. Aus raumsparenden und drucktechnischen Gründen wurde bereits vorgegriffen. Das tosafistische Teamwork liegt schon im Bombergdruck vor.

Mit dem Namen von R. Jehoschua Boaz (ben Schim'on Baruch) im Italien des 16. Jh.s sind weitere nützliche Bemerkungen verbunden:

- *Tora Or*, »Toralicht«, nennt man seine vorzugsweise zwischen Mittelspalte und Raschitext eingeschobenen Notizen, mit denen er in Mischna/Gemara vorkommende Bibelstellen markiert. Ein kleiner Kreis im Text weist auf sie hin. Beispiel: In Z.10 von bT ist vor dem vierten Wort ein solcher Kringel erkennbar. Rechts neben derselben Zeile steht in dem winzigen Zwischenraum: »5. Mose 17«. Ein weiteres Schriftzitat begegnet in Z.31 (siehe den Kringel vor dem dritten Wort), seine Nennung aber diesmal - wohl aufgrund der Textanordnung - links außen auf gleicher Zeilenhöhe: »dort [im 5. Buch Mose] Kap. 18«.
- *Masoret ha-Schas*, »Randbemerkungen zum Talmud«, die sich je nach Platz am äußersten linken/rechten Rand, teils in eckigen Klammern, finden. Sie beziehen sich auf Stellen von Mischna, Gemara, Raschi und *Tosafot*, die - wieder in derselben Zeile innen - mit Asterisken (*) gekennzeichnet sind. Es sind einerseits kurze Erklärungen und Korrekturen von Wörtern oder Ausdrükken aufgrund anderer rabbinisch-mittelalterlicher Quellen, andererseits Querverweise auf Parallelstellen im Talmud selbst. Beispiel: Das erste Sternchen begegnet in Mittelzeile 5. Auf selber Höhe ganz rechts außen ist ein zehnzeiliger Hinweis auf den spätmittelalterlichen Kodex *Schulchan Aruch*, »Gedeckter Tisch«, gegeben. Oder: Das Sternchen am Ende der Tosafot-Spalte zeigt an, daß - wie unmittelbar links daneben vermerkt - hierzu eine Entsprechung im Traktat »*Ketubbot* 86« vorliegt. Diese Parallele entdeckt man dort rasch, weil wieder neben bewußter Zeile jener Seite ein Hinweis auf unser Blatt »*Sanhedrin* 89« steht.
- *En Mischpat/Ner Mizwa* , »Rechtsquelle/Gebotsleuchte«, lautet die Doppelüberschrift des Textblockes am äußeren Rand links neben der Seitenzahl. Hier unternahm Boaz den unvollendet gebliebenen Versuch, einerseits einzelnen Talmudbestimmungen ihre Entsprechungen in mittelalterlichen *Halachot*-Sammlungen zuzuordnen, andererseits jene herangezogenen Kommentare noch zu verdeutlichen und zu systematisieren. Letzteres - die »Gebotsleuchte« - kam nicht zur Ausführung; nur Zahlzeichen

- auf unserer Seite von Nr. 67-79 - sind hierfür gesetzt. Jedoch stehen jeweils dahinter weitere, kleinere hebräische Buchstaben mit Zahlenwert - hier von Nr. 1-14 -, die wir auch in der Mittelspalte - diesmal leider nicht auf gleicher Höhe - aufspüren können. Beispiel: Der Buchstabe *Alef* (Zahlzeichen: 1) begegnet dort in Z.5 nach dem kleinen Sternchen, der Buchstabe *Bet* (Zahlzeichen: 2) gleich in Z.6 am Anfang der neuen Mischna. Die Rubrik »Rechtsquelle« links oben listet sie dann - wie gesagt an zweiter Stelle - der Reihe nach auf und weist bT jeweils eine mittelalterliche Parallele zu, überwiegend aus Werken des R. Mosche ben Maimon (Maimonides/Rambam, gestorben 1204).

Diese von Jehoschua Boaz erarbeiteten drei Hilfen - die Nennung biblischer, innertalmudischer und mittelalterlicher Parallelen - flossen allmählich in die Talmuddrucke ab Mitte des 16. Jh. ein, wurden immer wieder verbessert und im 18. Jh. von Jeschajahu Berlin, Rabbiner in Breslau, ergänzt.

Das Wachstum unseres Talmudblattes fand aber seinen Abschluß etwas weiter im Osten. Es bleiben noch drei Kommentierungen zu erwähnen, von denen nur zwei auf unserem Blatt - genau in der Mitte des rechten Randes - stehen:

- *Hagahot ha-Bach*, »Randbemerkungen des *Bajit chadasch* (»neuen Hauses«)«: Darunter ist das Werk von R. Joel Sirkes von Krakau - gestorben 1640 -, einem der größten polnischen Gelehrten, zu verstehen. Er bringt Korrektur- und Erklärungsvorschläge sowohl die Gemara wie Raschi betreffend. In dem einen Fall auf unserer Seite geht es ihm um die richtige Aussprache eines vom Talmud zitierten Bibelwortes.
- *Hagahot ha-Gra*, »Randbemerkungen des Gaon Rabbi Eliahu« - gestorben 1797 - aus Wilna/Litauen. Sie sind etwas gewichtiger als die von Joel Sirkes und stützen sich auf Parallelüberlieferungen im Talmud und im ihn kommentierenden Schrifttum. In unserem Fall hat er es mit einem Bibelzitat in der Gemara zu tun, das er unter Berufung auf eine alte Lesart wortgetreuer wiedergibt: »Dies ist die richtige Version!«

Jene beiden Kurzkommentare sind mit Zahlzeichen in runden bzw. eckigen Klammern versehen, die auch in den Talmudtext eingefügt sind. In Z. 41 entdecken wir beide: Gleich am Anfang

der Hinweis auf die *Hagahot ha-Gra* und nach dem fünften Wort der auf die *Hagahot ha-Bach* .
- *Giljon ha-Schas* : Auf anderen Talmudblättern - auch des Traktates *Sanhedrin* - stehen die »Randbemerkungen zu den sechs Ordnungen« vom deutschen Rabbi Akiba Eger/Posen. Im Grunde handelt es sich um eine Fortführung der *Masoret ha-Scha*s (siehe oben), da er zu Gemara, Raschi und *Tosafot* Verweise auf Parallelstellen und -quellen gibt. Eger registriert weitere Probleme und (augenscheinliche) Widersprüche, über die er nachzudenken empfiehlt, die er aber recht selten selbst auflöst. Mit diesem Rabbi (gestorben 1837) sind wir im 19. Jh. angelangt.
Unsere Reise auf dem Talmudblatt durch Zeit und Raum endet mit jenem bis heute und fernerhin gültigen Druckbild der Gebrüder Romm in Wilna ebenfalls im letzten Jahrhundert. Sie dürfte gezeigt haben, daß der Talmud alles andere als ein abgerundetes, in sich geschlossenes System, sondern immer offen nach vorne für weitere erläuternde und ihn modernisierende Umrahmungen ist, - Ausdruck seiner Eigendynamik und Fortschrittlichkeit im wahrsten Wortsinne. Heutige Talmudausgaben enthalten an die drucktechnisch nicht mehr erweiterungsfähigen Blätter jedes Traktates anschließend weitere alte wie neuzeitliche Auslegungen. Moderne Kommentare, die mehr als nur einzelne Stellen besprechen, gibt es nicht.

Aufgabe: Ein Quiz mit der Lupe: Worauf machen die Zeichen im Talmudtext Zeile 33 und 47 aufmerksam?

14. Die Gelehrtenkette vom Berg Sinai bis zum Euphrat

Nachdem wir die Drei-Kontinente-Tour von Asien über Afrika nach Europa beendet haben, wollen wir uns gleich auf eine neue Reise begeben, denn dieses Kapitel widmet sich endlich den Tora-Lehrern selbst in chronologischer Reihenfolge. Dazu müssen wir noch einmal in das Sinai-Massiv zurück. Der Mischna-Traktat *Abot,* »(Sprüche der) Väter«, beginnt folgendermaßen (I 1): »Mose empfing Tora vom Sinai und überlieferte sie dem Josua,

und Josua [überlieferte sie] an die Ältesten und die Ältesten an die Propheten, und die Propheten überlieferten sie an die Männer der großen Versammlung.« Mose ist das erste Glied jener bis zu den ordinierten Rabbinern von heute reichenden lückenlosen Überliefererkette. Der Text unterscheidet die Begriffe »empfangen« und »überliefern«: Überliefert wird für gewöhnlich etwas Ganzes, während aber Mose von Gott Tora empfängt. Es heißt nicht »*die* Tora« in ihrer Gesamtheit, sondern nur soviel, wie Mose fassen kann, ein Stück der unendlichen Tora. »Fünfzig Tore des Verständnisses wurden auf der Welt erschaffen und alle bis auf eines dem Mose übergeben.« (b RH 21b) Das fünfzigste Tor enthält die letzten, tiefsten Geheimnisse der Tora. Mose überliefert jedoch alles Empfangene an seinen Nachfolger Josua und der wiederum an die Ältesten, die nach Josuas Tod die Führung des Volkes in den Tagen der Richter übernehmen (Richter 2,7), weiter. Entscheidend ist allein die Bruchlosigkeit jenes Tradierungsschemas. - Schön, daß es doch Belege gibt, die das mangelhafte menschliche Gedächtnis berücksichtigen: Schon Mose soll die gelernte Tora vergessen haben, bis sie ihm neu geschenkt wurde (b Ned 38a). Während der Trauer über Moses Tod habe man sogar 3.000 *Halachot* vergessen - Josua allein 300, und über 700 kamen ihm Zweifel -, aber diese hätten sich durch scharfsinnige Diskussion wieder rekonstruieren lassen (b Tem 16a).
Nach Weitervermittlung der mündlichen Tora durch die Ältesten an die Propheten - der erste: Samuel - droht der nächste problematische Übergang: von der biblischen zur nachbiblischen Zeit. Obwohl schon die Propheten nichts Neues, was in der Tora fehlt, mehr einführen dürfen (b Schab 104a), weicht doch nach ihnen »der heilige Geist [der Prophetie] von Israel, und man bediente sich nur der Himmelsstimme« (b Joma 9b), die bei heiklen Fragen hörbar wird, aber nicht immer als maßgeblich gilt. Als Brückenglied zwischen Propheten und den ältesten, mit Namen bekannten Schriftgelehrten stehen die »Männer der großen Versammlung«. Es soll sich um ein 120köpfiges Gelehrtengremium gehandelt haben, das im 5. Jh. mit seiner Gründerfigur, dem Schreiber Esra, aus dem babylonischen Exil nach Israel zurückkehrte und dort die geistliche Erneuerung des Volkes betrieb.

Offenbar haben die späteren Rabbinen die im Nehemiabuch (Kap. 8-10) erwähnte Volksversammlung in ein Tora-Institut als Hüter der Tradition vom Sinai umgedeutet. Dieser Großsynagoge sollen Älteste, Richter, Lehrer und Schriftgelehrte, aber auch die drei letzten Propheten Haggai, Sacharja und Maleachi angehört haben. Jenes Männerkollegium gilt ferner als Schreiber der Bücher Ezechiel, Daniel, Ester und der Zwölf Kleinen Propheten (b BB 15a), als die Grundlagen der gottesdienstlichen Liturgie schaffend sowie als Vorläufer der höchsten juristischen Körperschaft, des Hohen Rates (Sanhedrin/Synedrium): »Sie verliehen der Krone [der Tora] wieder ihre frühere Autorität.« (b Jom 69b) Nachdem auch diese »Lücke« geschlossen ist, geht es wie folgt weiter: »Schim'on der Gerechte (220-202 v. Chr.) zählte zum Rest der Großen Versammlung ... Antigonus von Socho (Anfang des 2. Jh. v. Chr.) empfing [die Tora] von Schim'on dem Gerechten.« (M Ab I 2f.) Wieder haben wir es mit Bindegliedern, jetzt aber mit konkreten Namen zu tun. Ende des 3. Jh. bildet der Hohepriester Schim'on den Abschluß der Großen Versammlung und zugleich den Beginn der pharisäischen Schriftgelehrsamkeit. Aus seinem Mund erhält Antigonus die Tora. Daß hier »empfangen« statt »überliefern« steht, will andeuten, daß er doch ein Stück weniger Tora zwecks Tradierung bekommt. Dieser Schriftgelehrte ist wiederum der Lehrer des ersten der »fünf Paare«: »Jose ben Jo'ezer aus Zereda und Jose ben Jochanan aus Jerusalem empfingen [die Tora] von ihm.« (M Ab I 4) Auch diese Anordnung von je zwei zu gleicher Zeit auftretenden Schriftgelehrten wirkt sehr schematisch. Jedenfalls sollen diese zehn obersten Vertreter der Schriftgelehrsamkeit und anerkannten Häupter der pharisäischen Bewegung die Tora vom zweiten vorchristlichen ins erste nachchristliche Jahrhundert hinübertransportiert haben. Daß sie zugleich die Funktion des *Nasi* , »Präsidenten«, bzw. *Ab Bet-Din* , »Vizepräsidenten« des Hohen Rates, ausübten, scheint demgegenüber weniger plausibel.
Mit dem letzten, namhaftesten Schriftgelehrtenpaar Hillel und Schammai befinden wir uns in der Zeit Jesu, weshalb immer noch gern die wissenschaftlich kaum haltbare These vertreten wird, der gegenüber seinem rigorosen Kollegen Schammai milde Hil-

lel sei Jesu Lehrer gewesen. Ein Beispiel: »Wiederum geschah es, daß einer aus den Völkern vor Schammai trat und zu ihm sprach: Mache mich zum Proselyten (d. h. nimm mich ins Judentum auf) unter der Bedingung, daß du mich die ganze Tora lehrst, während ich auf einem Bein stehe (was ja nicht lange dauert). Da stieß jener ihn weg mit der Elle (Meßbrett), die er gerade in der Hand hatte. Daraufhin kam er vor Hillel, und der machte ihn zum Proselyten, indem er zu ihm sprach: Was dir verhaßt ist, das tue auch deinem Nächsten nicht! Das ist die ganze Tora, alles andere ist nur ihre Auslegung. Geh und lerne.« (b Schab 31a) Die Verwandtschaft mit der sogenannten Goldenen Regel der Bergpredigt (Matthäus 7,12) ist mit Händen zu greifen: »Alles nun, was ihr wollt, daß euch die Menschen tun sollen, - ebenso sollt ihr auch ihnen tun! Denn das ist die Tora und die Propheten.«

Beide gegeneinander streitenden Lehrer unterhalten getrennte Lehrstätten in Jerusalem. Ihre Schüler - die Hillel- und Schammai-Schule - führen etwa ab 20 n. Chr. die Kontroverse um großherzige oder buchstabengetreue Toraerfüllung fort, wobei sich die meisten im Talmud aufgezeichneten Fälle um Speisegesetze drehen. Üblicherweise wird die konservative, strengere Ansicht der Schammaiiten zuerst dargestellt und die moderatere der Hilleliten betont daran angeschlossen. Selten kommt es zu einer Einigung. Beispiel: »Zweieinhalb Jahre stritten die Schule Schammais und die Schule Hillels: Eine sagte, es wäre für den Menschen besser, nicht erschaffen worden zu sein ... Die andere sagte, es sei für den Menschen besser, daß er erschaffen worden ist ... Daraufhin stimmten sie ab und einigten sich, daß es für den Menschen zwar besser wäre, nicht erschaffen worden zu sein. Nachdem er aber [nun einmal] erschaffen worden ist, überprüfe er seine begangenen Handlungen. Manche lesen: wäge er seine zu begehenden Handlungen ab.« (b Er 13b) Die pharisäisch-hillelitische Richtung setzt sich allmählich durch und wird ab dem Jahr 70 die maßgebliche und die die Mischna prägende.

Während der Begriff *Soferim* , »Schriftgelehrte«, die Gelehrten der »Frühzeit« - angefangen von ihrem »Stammvater« Esra, der »in der Mose-Tora gewandt« war (Esra 7,6), bis hin zu Hillel/

Schammai - bezeichnet, heißen die späteren - beginnend mit beiden Schulen - *Chachamim*, »Weise«, oder *Rabbanim*, »Lehrer«. Diese Entfalter der mündlichen Tora sind also letztlich Schriftgelehrte der pharisäischen Linie. Ferner unterscheidet man zwischen frühen und späteren Rabbinen und teilt beide noch in verschiedene Generationen ein:

Erstere sind die Weisen, die am Bau des Mischna-Zaunes in den ersten beiden Jahrhunderten n. Chr. beteiligt sind. Sie heißen *Tanna'im/Tanna'iten*, die »Wiederholenden«, »Lehrenden«, eben: die Mischnalehrer und Leiter von Lehrhäusern, die »lebendigen Bücher« bis zu R. Jehuda ha-Nasis Nachfolgern, in fünf Generationen, wobei diese schematische Einteilung nur dazu dient, das gleichzeitige Wirken von mehreren berühmten Lehrern zu kennzeichnen.

- 1. Generation zur Zeit Jesu und der Apostel: R. Gamli'el (»der Alte«), bekannt durch seinen weisen Rat, die Apostel freizulassen, und als Lehrer des Paulus (der Gamaliel von Apostelgeschichte 5,34ff.; 22,3); R. Jochanan b. Zakkai, der nach dem Jahr 70 zum eigentlichen »Neubegründer« des Judentums wird
- 2. Generation zwischen 90 und 130 n. Chr.: der uns wegen seiner frauenkritischen Ansichten, aber auch wegen seiner Opposition gegen die Mehrheit der Weisen bekannte R. Eli'ezer b. Hyrkanos, ferner: R. Akiba (b. Josef), berühmt wegen seiner scharfsinnigen Bibelauslegung und Himmelsreise (s. Aufgabe 12, S. 67f.)
- 3. Generation zwischen 130 und 160 n. Chr.: Der Akiba-Schüler R. Me'ir, der eine ältere Mischna-Fassung erarbeitet; R. Jehuda (bar Ilai), der in der Mischna am häufigsten genannte Gelehrte (über 600 mal)
- 4. Generation zwischen 160 und 200 n. Chr.: R. Jehuda ha-Nasi, kurz »Rabbi« oder »Rabbenu ha-kadosch« (»unser heiliger Rabbi«), der für die Endfassung der Mischna verantwortlich zeichnet
- 5. Generation zwischen 200 und 240 n. Chr.: die sogenannten »Halbtanna'im«, Zeitgenossen und Schüler Rabbis - der bekannteste: R. Chija -, die die Brücke zu den späteren Rabbinen schlagen.

Letztere sind die Bauer des Zaunes um die Mischna, d. h. die Verfasser der Gemara zwischen dem 3. und 6. Jh. n. Chr. Sie heißen *Amora'im/Amoräer* , die »Sprechenden«, »Erklärenden«, die die alten Prinzipien auf neue Fälle anwenden, aber nicht die Autorität besitzen, den ihnen vorgegebenen *Halachot* zu widersprechen. Hier lassen sich sechs (nach anderen: sieben) Generationen untergliedern, wobei darüber hinaus zwischen den Amoräern Palästinas (Tiberias, Sepphoris, Caesarea) und Babyloniens (in den Akademien am Euphrat) jeweils unterschieden werden muß:

- 1. Generation (220-280): Abba Arika und Mar Schemu'el, die Leiter der Lehrhäuser in Sura und Nehardea, zum anderen R. Jochanan bar Nappacha in Tiberias, dem man gern pT zuschreibt
- 2. Generation (280-320): die Jochanan-Schüler R. Abbahu und R. Assi in Palästina; R. Huna und R. Chisda in Pumbedita bzw. Sura
- 3. Generation (320-360): Nasi Hillel II., der den jüdischen Kalender endgültig fixiert; in Babylonien: R. Abaje und Raba in Pumbedita bzw. Machoza
- 4. Generation (360-430): Mit dem Enkel Hillels II., Gamli'el VI., endet in Palästina das Patriarchat (um 425); in Babylonien: R. Aschi, der bT auf den Weg bringt
- Die 5. Generation (430-470) und die 6. (470-500) bestehen nur noch aus babylonischen Meistern, von denen Rabina (II. bar Huna) als Schlußglied von bT und damit als »letzter Amoräer« angesehen wird.

Schließen wir nun noch die Lücke von einem halben Jahrtausend zwischen Rabina und den ersten mittelalterlichen Kommentaren, die in den Druckausgaben um den Talmudtext gruppiert werden: Im 6. Jh., nach anderen auch noch im 7. Jh., wirken die *Sabora'im/Saboräer* , die »Nachdenkenden«, »Prüfenden«. Sie nehmen offenbar die eigentliche »Versiegelung« des Talmuds vor, indem sie ordnende Abschlußarbeiten und präzisere Formulierungen ausführen, ungelöste Fälle diskutieren sowie erleichternde Leitlinien für sein Studium einfügen, etwa daß sie deutlich machen, nach welchem Rabbinen jeweils eine gültige Halacha geht. Auch wenn sie selbst keinen wesentlich neuen Stoff mehr produzieren und auch nicht genügend Autorität besitzen, um amoräischen Entscheidungen zu widersprechen, darf man in ihnen keinesfalls bloße Glossatoren (Verfasser von Randbemerkungen) sehen. Zu diesen Talmud-Herausgebern sind beispielsweise in der Mitte des 6. Jh. R. Simona in Pumbedita und sein Kollege Giza zu rechnen, über die man später sagt, durch ihr Verdienst seien Himmel und Erde geschaffen worden. Letztlich bilden die Saboräer eine Übergangsgruppe zwischen den Amoräern und den nachfolgenden *Geonim.*

Während die Saboräer babylonische Gelehrte sind, versteht man unter den *Geonim/Gaonen* , den »Erhabenen«, den Ehrentitel der beiden babylonischen Schulhäupter von Pumbedita und Sura, die vom Ende des 6. bis zur Mitte des 11. Jh.s als höchste Lehr- und Entscheidungsinstanz Anerkennung finden. Ihr Name mag sich vom biblischen Ausdruck »der Stolz (*Gaon*) Jakobs« (Psalm 47,5) herleiten. Sie werden vom Exilarchen, dem politischen Repräsentanten der babylonischen Juden, ernannt, auf königliche Weise in ihre »Herrschaft« eingesetzt, bilden eine Art Dynastie, berufen die Richter der Regionalgerichte, sehen sich aber als Verkörperung des Präsidenten des Hohen Rates (Sanhedrin) und mit der Vollmacht ausgestattet, die gültigen Antworten auf sämtliche sozialen und religiösen Fragen zu geben. Ihre Politik zielt darauf ab, den Einfluß des Landes Israel auf die Diaspora zu verringern, weshalb sie sich mit aller Kraft für die Verbreitung von bT einsetzen und ihm vor allem in Israel Geltung zu verschaffen suchen. Aber ohne die Gaonen hätte der Talmud auch nicht so rasch in Europa Aufnahme gefunden. Anfragen halachische Dinge betreffend werden von überall her an sie gerichtet. Ihre Kommentare liegen deshalb schon in Form von Responsen (Korrespondenz) vor. Bedeutendster Gaon ist R. Sa'adja ben Josef von Sura (882-942), der Bücher zu halachischen Fragen schreibt, grammatische Untersuchungen anstellt, eine Bibelübersetzung ins Arabische - seit 657 steht Babylonien unter islamischer Herrschaft! - anfertigt, aber sich auch als Philosoph und Liturgiker einen Namen macht. Bibel und Philosophie, Offenbarung und Vernunft will er zusammenbringen.

Zum Niedergang der Geonim tragen wenig attraktive Streitigkeiten zwischen den Akademien bei, ferner die Tatsache, daß sie allmählich in Bagdad, dem Zentrum der weltlichen Macht, zu residieren pflegen. Zudem entstehen in der rasch weiterwachsenden Diaspora - besonders im islamischen Raum - immer neue Studienzentren, weshalb die dortigen Gelehrten nicht mehr die Notwendigkeit verspüren, alle Anfragen nach Sura und Pumbedita weiterzuleiten. Das Ausland emanzipiert sich von der babylonischen Bevormundung! Die Liste der 88 Gaonen ab dem Jahr 589 endet mit Rab Hai (gestorben 1038), und damit endet auch die babylonisch-talmudische Ära.
Übrigens tituliert man im 10./11. Jh. ebenfalls Leiter der Akademie des Landes Israel - nach ihrer Verlegung von Tiberias zurück nach Jerusalem - *Geonim*. Sie regeln hier die jüdischen Angelegenheiten, ordinieren Weise und Richter und halten die ununterbrochene Tradentenkette aufrecht. Ihr Einfluß reicht bis nach Ägypten und Babylonien, doch werden sie nicht so berühmt wie ihre dortigen Kollegen. Spätestens mit dem Vordringen der Kreuzfahrer schließt dieses 200jährige Intermezzo. Die Zukunft des Talmuds liegt nicht mehr im Orient, sondern in Europa.

Aufgabe: Prägen Sie sich die Tradentenkette der mündlichen Tora ein: Mose - Josua - Älteste - Propheten - Männer der Großen Versammlung - Schriftgelehrte - Tanna'iten - Amoräer - Saboräer - Gaonen! Denken Sie über folgenden Ausspruch des Schriftgelehrten Antigonus von Socho nach (M Ab I 3): »Seid nicht wie die Diener, die dem Herrn dienen in der Absicht, Lohn zu empfangen. Sondern seid wie die Diener, die dem Herrn dienen ohne die Absicht, Lohn zu empfangen. Und Ehrfurcht vor dem Himmel (Gottesfurcht) ruhe auf euch!« Vergleichen Sie zum Thema »Lohn« Lukas 17,7-10; Matthäus 5,11f.; 6,1!

15. »Ihr sollt euch nicht Rabbi nennen lassen« (Matthäus 23,8)

Was heißt überhaupt »rabbinisch«? Antwort: Rabbinisch ist, was die Ansichten, den Glauben und das Selbstverständnis der Rabbinen widerspiegelt. Um ihr Denken und Wesen aber besser zu verstehen, ist der Blick auf ihre zeitlichen Vorgänger, die Schriftgelehrten und Pharisäer, unerläßlich. Schriftgelehrte waren ein Berufsstand von Torafrommen, die den Akzent auf die schriftliche Tora legten, ihr Studium als Ersatz für Tempel und Kult werteten und sie im täglichen Leben zu verwirklichen suchten. Diese ersten Erforscher der Bibel, die z. B. genau registrierten, bei welchem Buchstaben/Wort die Mitte der Tora-Bücher zu finden ist (3. Mose 11,42/10,16) oder in welchem Schriftvers alle Buchstaben des (hebräischen) *Alefbets* vorkommen (Zephanja 3,8), bildeten die geistigen Führer (Mentoren) der pharisäischen Gemeinschaften. Die Pharisäer, die »Abgesonderten« vom gemeinen, tora-unkundigen Volk und von heidnisch-römischer Herrschaft und Kultur, stellten demgegenüber eine Volks-/Laienbewegung dar. Pharisäer sein war kein Beruf, sondern eine Lebensweise: sich in Genossenschaften - dem »wahren Israel« - zusammenfinden, die Tempelheiligkeit im Alltag verwirklichen, peinlich die Reinheits- und Speisebestimmungen der Tora befolgen und zur Entfaltung der mündlichen Tora beitragen. Obwohl das Neue Testament mit Schriftgelehrten und Pharisäern hart ins Gericht geht (Matthäus 23), ist vor Pauschalierung zu warnen. Pharisäer waren eben keine einheitliche Partei, sondern eher ein Sammelname für verwandte religiöse Strömungen. Der palästinische Talmud verhehlt keineswegs innerjüdische Kritik, wenn er sieben Arten aufzählt (p Ber IX 5,14b): »1. einen Pharisäer, für den [das Gebot] eine Last ist, 2. einen Pharisäer, der in Zeitnot lebt (weil er immer noch ein Gebot mehr erfüllen möchte), 3. einen Pharisäer, der aufrechnet [seine guten und bösen Handlungen], 4. einen Pharisäer, der über seine Armut klagt, 5. einen Pharisäer, der sagt: Ich erkenne meine Schuld an [falls man mir eine nachweisen kann] und werde [es wieder gut-]machen, 6. einen Pharisäer, [der] aus Liebe [das Gebot erfüllt], 7. einen

Pharisäer, [der] aus Gottesfurcht [das Gebot erfüllt]«. Jesus teilt diese Kritik und andererseits das Lob des sechsten und siebten Typs (vgl. Markus 12,28-34).

Diejenigen, die sich nach dem Jahr 70 »Rabbinen« nennen, vereinigen in sich schriftgelehrtes Forschen und pharisäische Lebensart: »Auf Moses Stuhl sitzen die Schriftgelehrten und Pharisäer.« (Matthäus 23,2) Außerdem nimmt der Rabbinenstand jetzt auch priesterliche Elemente und Funktionen wahr. Der Hohe Rat (Sanhedrin) von Jerusalem, der unter Vorsitz des Hohenpriesters stehende, von der priesterlichen Partei beherrschte einundsiebzigköpfige Senat von Judäa, das jüdische Parlament, das die Zivilrechtspflege und Polizeigewalt innegehabt hatte, war in den Kriegswirren untergegangen. »Seit der Sanhedrin aufhörte, hörte der Gesang bei festlichen Gelagen auf.« (M Sot IX 11) Doch R. Jochanan b. Zakkai - der Gründergestalt des rabbinischen Judentums - ist es zu verdanken, daß seine nach Jerusalems Untergang in Jabne-Jam (Jamnia) am Mittelmeer begründete Versammlung (Akademie) als rechtliche Nachfolgeorganisation des Sanhedrin angesehen, doch nun zu einer vornehmlich religiösen Einrichtung, zur »hohen Schule« des jüdischen Rechtes, umstrukturiert wird. Sie besteht weiterhin aus 71 Mitgliedern, - praktisch ausschließlich Rabbinen: ein Gelehrtenkollegium, dessen Mitglieder durch Ordination (Übertragung der Amtswürde) auf Lebenszeit eingesetzt werden. Den Vorsitz übt der *Nasi* , »Fürst«/»Patriarch«, aus. Er setzt sich als von den Römern anerkannter offizieller Vertreter der Juden für jüdische Belange ein, stellt neue *Halachot* auf, legt den Kalender durch Bestimmung jeweils des Monatsanfanges fest, ordiniert die Gelehrten und hält enge Verbindung zu jüdischen Gemeinden im Ausland. Es ist ein mit großer Vollmacht und Wohlstand ausgestattetes, noch dazu erbliches Amt, das man traditionell schon auf Hillel, der wiederum aus dem Haus Davids stammen soll, zurückführt, was quasi einen königlichen Anspruch begründet. R. Jehuda ha-Nasi ist schließlich *der* Patriarch schlechthin.

Die bedeutenden Akademien im Land Israel befinden sich am jeweiligen Sitz des Sanhedrins, der Gericht und fest organisierte Schule in einem ist. Sie liegen aufgrund eines weiteren gescheiterten jüdischen Aufstandes gegen die Römer, der Judäa verheert und zum Verbot, Jerusalem zu betreten, führt, seit etwa 140 n. Chr. alle im Norden: in Galiläa. »R. Jehuda b. Idi sagte im Namen R. Jochanans: Zehn Wanderungen machte die Göttlichkeit (die göttliche Präsenz) ..., und dementsprechend wanderte der Sanhedrin zehnmal aus ...: von der Quaderhalle [im Jerusalemer Tempelbezirk] in die Kaufhalle [ca. 30 n. Chr.] und von Jerusalem nach Jabne [im Jahr 70] und von Jabne nach Uscha [ca. 140 n. Chr.] und von Uscha nach Jabne [zurück] und von Jabne nach Uscha und von Uscha nach Schefar'am und von Schefar'am nach Bet Sche'arim und von Bet Sche'arim nach Sepphoris (an beiden Orten wirkte Ende des 2. Jh. R. Jehuda ha-Nasi) und von Sepphoris nach Tiberias [ab 250 n. Chr.]. Aber in Tiberias [am See Genezaret] war sie (die Göttlichkeit) am tiefsten von allen [Orten] (weil der Höhenunterschied zwischen Jerusalem und Tiberias an die 1000 Meter beträgt; hier wirkte R. Jochanan bar Nappacha).« (b RH 31a/b) Eine andere Liste zählt weitere berühmte Gelehrtenschulen auf: »Die Rabbanan lehrten [5. Mose 16,20]: ›Der Gerechtigkeit, nur der Gerechtigkeit sollst du nachjagen!‹ Folge [darum] den Weisen zur *Jeschiba* (wörtlich: zur Sitzung), [nämlich] R. Eli'ezer nach Lod, ... R. Akiba nach Bene Berak, R. Matja nach Rom, ... R. Jehoschua ins Exil (womit die Hochschule im babylonischen Pumbedita gemeint ist).« (b Sanh 32b)

»Rabbi« wird der genannt, der Schüler hat, die selbst wieder Schüler ausbilden. Damit ist bereits der Lebensinhalt eines Rabbinen umschrieben. Um ihn scharen sich Jüngerkreise; gemeinsames Lehrhausstudium, ja sogar gemeinsames Leben im Haushalt des Rabbis ist das Ideal das *Talmid chacham* , des »Gelehrtenschülers«: in der Tora forschen, sie in die Praxis umsetzen und an die folgende Generation weitervermitteln. »R. Chisda sagte: Wenn jemand gegen seinen Lehrer streitet, so ist es ebenso, als würde er gegen die Göttlichkeit streiten.« (b Sanh 110a) Oder mit Jesu Worten: »Der Jünger ist nicht über seinen Meister.« (Lukas 6,40) Während die Mischna Schülern erlaubt, bis zu dreißig Tagen ohne Einwilligung ihrer Frauen zum Torastudium fortzubleiben (M Ket V 6), gestattet die entsprechende Gemara dies zwei bis drei Jahre - »und mit Einwilligung gar, solange sie wollen.« (b Ket 62b) R. Akiba soll es auf 24 Jahre gebracht haben. Memorieren steht auf dem Programm. Den Mischnatext muß man in diesem Schüleralter noch nicht verstehen, aber auswendig können. Der Meister gibt per Lehrvortrag, durch Fragen und Antworten vertieft, die Erklärung. Man sitzt zu seinen Füßen oder vor ihm in Bankreihen, - weniger gelehrte Schüler hinter einer Abgrenzung. Wer beim Studium nicht seinen ganzen Körper und seinen Mund betätigt, lernt falsch: »Es wird gelehrt: R. Eli'ezer hatte einen Schüler, der leise zu studieren pflegte, und nach drei Jahren vergaß er sein Studium.« (b Er 54a) Auf die Frage, warum es gegensätzliche Ansichten über eine Tora-Stelle geben kann, wird geantwortet: weil die Schüler Hillels und Schammais nicht lange genug bei ihren Lehrern gelernt haben (b Sanh 88b). Bekanntlich ist das Studium der Tora (*Talmud Tora*) »größer als die Rettung von Menschenleben«. (b Meg 16b) In Babylonien besteht der Usus, daß Gelehrte und Studenten der verschiedenen Schulen sich zweimal pro Jahr - jeweils im letzten Winter- und Sommermonat - zu einer Bildungstagung (*Kalla* , »Braut«, als Umschreibung für die Tora) treffen, wo sie sich über ein zuvor festgesetztes Thema oder einen Traktat unterhalten. Dadurch findet nicht nur ein Austausch über strittige Fragen der Akademien statt, sondern es wird auch Öffentlichkeitsarbeit betrieben und Anreiz zum Torastudium geboten.

Die Ordination zum Rabbi durch den Lehrer, in späterer Zeit nur noch durch den *Nasi* , bildet den Abschluß des Studiums. Wie Mose Josua die Hand auflegte, um ihm Amt und Tora anzuvertrauen (4. Mose 27,23), so bedeutet dieser Vorgang die Weiterreichung der rabbinischen Tradition. Daß die Handauflegung bald in den Hintergrund rückt, mag mit der Übernahme der Ordination durch Christen zusammenhängen. Die Formel bleibt: »N. N. sei *samuch* (ordiniert)«; die Kette der Toraüberlieferer ist wieder um ein Glied länger geworden. Ab jetzt darf man selbst Schüler ausbilden, als Richter in Strafsachen entscheiden, - und man kommt in den Genuß der Steuerbefreiung! Die Ordination ist nur in Israel möglich. »R. Jehoschua b. Levi sagte: Außerhalb des Landes [Israel] gibt es keine Ordination.« (b Sanh 14a) Natürlich

können palästinische Rabbinen ebenso in Babylonien wirken, aber in späterer Zeit ordiniert man sie nur noch, wenn sie sich auch zur Rückkehr verpflichten.
Die Erblichkeit des Rabbinenberufes ist üblich, worauf die Anfügung des Vaternamens an den eigenen hinweist, z. B. »Rabban Schim'on ben [Sohn des] Gamli'el [II.]«: Sein Großvater ist Schim'on ben Gamli'el [I.], folglich sein Urgroßvater der Paulus-Lehrer Gamli'el, während er selbst Vater von R. Jehuda ha-Nasi ist, dessen Sohn wiederum Gamli'el [III.] heißt. Der Talmud kritisiert diese Dynastiebildung: »Weshalb pflegen von Gelehrtenschülern nicht Kinder hervorzugehen, die [wieder] Gelehrtenschüler sind? R. Josef erwiderte: Damit man nicht sage, die Tora sei ihr Erbe.« (b Ned 81a) Auch soll man aus dem Rabbinenstand keinen Gewinn und kein gesteigertes Ansehen ableiten. Er ist kein Brotberuf, sondern - wie zuvor das Pharisäertum - eine Lebensform. Wie aber dieses Ideal in wirtschaftlich magerer Zeit durchhalten! Rabbinen üben Nebenberufe in Landwirtschaft, Handwerk oder Handel aus (Schneider, Wäscher, Schreiber, Kaufmann) bzw. haben tüchtige Frauen, die ihnen ihren Tora-Wandel finanzieren. Zwar sollen die Gelehrten nicht auf eigene Ehre bedacht sein, doch trifft man auch in ihren Kreisen Konkurrenz und Eifersucht an. Wer ist nicht stolz auf seine Schüler! Ferner gibt es Spannungen zwischen ihnen und dem übergeordneten, wohlhabenden Patriarchen, auf dessen finanzielle Unterstützung manche angewiesen sind.
Sie leben genau nach den Speise- und Reinheitsvorschriften, entrichten die von der Tora geforderten Abgaben und legen Wert auf gutes Benehmen und gepflegtes Äußeres: »Es ist für einen Gelehrtenschüler unschicklich, mit geflickten Schuhen auf die Straße zu gehen. ... Ein Gelehrtenschüler, auf dessen Gewand sich ein Fettfleck befindet, verdient den Tod.« (b Schab 114a) Rabbinen sind keinesfalls nur weltabgewandte Bücherwürmer, wie das Beispiel von der Schönheit R. Jochanans lehrt, der beim Betreten eines dunklen Zimmers dieses allein durch Entblößung seines Armes erhellt (b Ber 5b) und der an den Toren der Reinigungsbäder zu sitzen pflegt: »Mögen die Töchter Israels, wenn sie das Pflichtbad [nach der Menstruationsperiode] verlas-

sen, mir begegnen, damit sie Kinder haben, die gleich mir schön und gleich mir in der Tora kundig sind.« (b BM 84a) Imma Schalom, die Frau von R. Eli'ezer ben Hyrkanos, hat angeblich deswegen überaus hübsche Kinder, weil ihr Mann nie ein Auge auf eine andere Frau wirft und den Geschlechtsverkehr zurückhaltend und schamhaft ausübt. (b Ned 20b) Und weshalb erfreuen sich die Gelehrten eines langen Lebens? R. Zera sagt: »Nie im Leben war ich unduldsam in meinem Haus, nie bin ich einem bedeutenderen [Mann] als ich vorangeschritten, nie habe ich in schmutzigen Durchgängen [über die Tora] nachgedacht, nie ging ich vier Ellen ohne Tora und ohne Gebetsriemen, nie schlief ich im Lehrhaus - weder einen regelmäßigen noch einen gelegentlichen Schlaf -, nie freute ich mich beim Straucheln meines Nächsten, und nie nannte ich jemand bei seinem Spitz- [oder Schimpf-]namen.« (b Meg 28a) Doch nicht jeder wird in Frieden zu seinen Vätern versammelt: Als R. Akiba das Verbot öffentlichen Tora-Lesens bewußt übertritt, nehmen ihn die Römer gefangen und zerfurchen sein Fleisch mit eisernen Kämmen. Sein letztes Wort ist das »einzig« aus dem jüdischen Glaubensbekenntnis: »Höre, Israel, der Herr ist unser Gott, der Herr ist einzig.« (b Ber 61b) R. Jehuda b. Baba wird beim ebenfalls verbotenen Ordinieren von fünf Gelehrten durch Römer überrascht. Sie versetzen ihm 300 Lanzenstiche und machen seinen Körper wie ein Sieb (b Sanh 14a). R. Chanina b. Teradjon, der gleichfalls von der Tora nicht lassen kann, wird in seine eigene Schriftrolle eingewickelt und verbrannt. »Seine Schüler sprachen zu ihm: Meister, was siehst du? Er antwortete ihnen: Die Pergamente verbrennen, aber die Buchstaben [der Tora] fliegen [in die Höhe].« (b AZ 18a)
Wollen wir uns schließlich noch der Vielfalt der Titulaturen und Anreden widmen, wobei praktisch durchgängig in späterer Zeit der Übergang von Ehren- zu Amtstiteln festzustellen ist:
Rab heißt zunächst »groß«, »viel« und bezeichnet einen großen Experten auf einem bestimmten Gebiet. Es bedeutet weiter »Herr« (wie englisch »Sir«), »Freier« (konträr zu »Sklave«), »Lehrer«; schließlich ist es der Titel der babylonischen Gelehrten, z. B. Rab Huna, Rab Chisda.

Rabbi , »mein Großer« (vgl. französisch: »monsieur«), ist zur Zeit Jesu die Anrede eines anerkannten Meisters und religiösen Lehrers. Erst nach dem Jahr 70 wird sie fester Titel der palästinischen Gelehrten und - nach Beendigung des Schülerverhältnisses - aufgrund der Ordination verliehen. Übrigens: Anders als der Rabbiner von heute hat damals ein Rabbi keine Synagogenämter inne. Beispiel: Rabbi Akiba, Rabbi Me'ir. »Rabbi« ohne Anfügung seines Eigennamens nennt man Jehuda ha-Nasi.
Rabban (Mehrzahl: *Rabbanim/Rabbanan*) will eine Verstärkung, Steigerung ausdrücken - »unser Meister« - und ist Ehrentitel von fünf Sanhedrin-/Schulhäuptern im Land Israel, z. B. Rabban Jochanan ben Zakkai. Die Mehrzahl »(unsere) Meister« bezieht sich aber auf die Gelehrten/Weisen schlechthin. *Rabbuni* , »mein Lehrer« (Johannes 20,16), ist mit »Rabban« eng verwandt. Das uns geläufige *Rebbe* ist die jiddische, besonders im Ostjudentum gebräuchliche Bezeichnung für »Rabbi«. Im Unterschied zu den talmudischen Rabbinen nennt man die Gemeindeführer der Neuzeit Rabbiner. Bis heute hat sich erhalten, daß sie kraft ihrer Ordination zunächst autoritative Rechtsgelehrte und Richter in Gemeindefragen und erst in zweiter Linie Prediger oder Religionslehrer sind.
Weitere immer wiederkehrende Anreden: *Abba* , »Vater«, als Ausdruck der Wertschätzung, z. B. Abba Schaul, Abba bar [aramäisch: »Sohn des«] Abba; *Mar* , *Mari* , »Herr«, »mein Herr«: eine ehrenvolle Titulatur, z. B. Mar Schemu'el; hingegen ist *Nasi* , »Patriarch«, »Fürst«, der Amtstitel des Vorstehers der jüdischen Gemeinde im Land Israel und *Resch Galuta* , »Haupt der Diaspora(gemeinde)«, der entsprechende Titel des babylonischen Exilarchs, z. B. Nasi Rabban Gamli'el II., Resch Galuta Rab Kahana.

Aufgabe: Jesus wird des öfteren mit »Rabbi« (von Judas: Matthäus 26,25.49 oder von Petrus: Markus 9,5), »Meister« (von einem Schriftgelehrten: Matthäus 8,19; 22,36 oder von seinen Jüngern: Markus 4,38) oder »Herr« (*Mar,* Johannes 13,13f.) ganz selbstverständlich angeredet. Erklären Sie darum nach dem Gesagten die kritische Haltung gegenüber diesen Titeln und ihren Trägern laut Matthäus 23,1-12!

16. Wo kommt Rabbi Jesus im Talmud vor?

Jesus ist ein jüngerer Zeitgenosse des Schriftgelehrtenpaares Hillel und Schammai. Er lebt in den Traditionen seines jüdischen Volkes, spricht dieselbe (aramäische) Sprache, fußt in seinem Reden und Wirken auf der hebräischen Bibel, weiß sich »nur zu den verlorenen Schafen des Hauses Israel gesandt« (Matthäus 15,24), besucht am Sabbat für gewöhnlich den Synagogengottesdienst (Lukas 4,16), spricht wie Rabbi Akiba das »Höre-Israel-Glaubensbekenntnis« (Markus 12,29f.), lehrt das in all seinen Sätzen nur auf dem Hintergrund jüdischer Gebetsformulierungen verstehbare Vaterunser, predigt und debattiert gut rabbinisch über rein innerjüdische Themen wie Sabbatheiligung, Speise- und Reinheitsvorschriften, über die Gültigkeit der Tora, über Umkehr und Buße, Ehescheidung, die Totenauferstehung und die Letzten Dinge, bis er mit einem jüdischen Gebet auf den Lippen - »Mein Gott, mein Gott, warum hast du mich verlassen?« (Psalm 22,2) - stirbt. Seine Charakterisierung von seiten der Leute erfüllt das Idealbild eines Rabbi: »Meister, wir wissen, daß du in rechter Weise redest und lehrst und nicht nach der Person fragst, sondern der Wahrheit gemäß den Weg (die Halacha?) Gottes lehrst.« (Lukas 20,21) Deshalb ist zu fragen, ob und wie der Talmud Jesus würdigt.

Das Ergebnis ist enttäuschend: Nur wenige, noch dazu im Blick auf ihre Entstehungszeit höchst umstrittene Passagen handeln über ihn, zudem in einer stark polemischen Weise. Für Antisemiten war dieser »fanatische Christushaß«, der Christus »die ärgsten Schmähnamen« gibt und »schamloseste Sachen über ihn« zusammenlügt (Theodor Fritsch: Handbuch der Judenfrage), Anlaß zu Haßtiraden gegen den Talmud. Nur wurde dabei stark übertrieben und der historische Hintergrund, der überhaupt erst jene Aussagen bedingte, verschwiegen. Neuere Untersuchungen zeigen, daß es keine einzige »Jesus-Stelle« aus tannaitischer Zeit, d. h. aus den Tagen der Mischna, gibt. Weiter: In der von den Amoräern erstellten Gemara findet sich keine echte Aussage über Jesu Person und Ende. Vielmehr werden ältere Traditionen, die zunächst gar nichts mit Jesus zu tun haben, in einer vielschichtigen Entwicklung allmählich auf Jesus bezogen und umgeprägt. Mögen diese Thesen (von Johann Maier: Jesus von Nazareth in der talmudischen Überlieferung) auch einer Haltung entsprungen sein, die den Talmud verteidigen will, so steht doch außer Frage: Das rabbinische Interesse am Christentum ist gering. Juden distanzieren sich schon am Ende des 1. Jh. von der vermeintlich sektiererischen Minderheit derer, die an Jesus als den gekommenen Messias glauben. Gleichzeitig lassen auch jene ersten Christen aus dem Judentum ihr jüdisches Erbe bald hinter sich und polemisieren gegen ihre die Frohbotschaft von Christus ablehnenden Brüder. Recht früh weist man Juden, die »Gott nicht gefallen und allen Menschen feind sind«, die Schuld am Tod Jesu zu (1.Thessalonicher 2,15), die man später als auch die nachfolgenden Geschlechter betreffende Kollektivschuld versteht (Matthäus 27,25), für welche der Untergang des Tempels sichtbares Strafzeichen Gottes ist. Johannes legt Jesus den folgenschweren Satz »Ihr habt den Teufel zum Vater« in den Mund (8,44) und spricht von der »Synagoge des Satans« (Offenbarung 2,9; 3,9).

Die Kirchenväter entziehen Jesus immer stärker dem Judentum, dessen einzige Existenzberechtigung darin gesehen wird, die dunkle Folie für das dann um so heller strahlende Evangelium abzugeben. Ab dem 4. Jh. werden Staat und Kirche eins. Folglich gilt: Nur wer an den Sakramenten teilhat, gehört fortan in ein christliches Reich. Diese bedrückende Religionspolitik mit Bekehrungszwang, fingierten Missionierungsgesprächen, Synagogenzerstörungen, wirtschaftlicher Benachteiligung der Juden und anhebender Verfolgung im Namen und Zeichen des Kreuzes bedingt verständlicherweise, daß Juden sich mit dem Juden Jesus bewußt nicht mehr auseinandersetzen und Christen mit Verachtung begegnen. Sie stellen Christentum gleich mit Götzendienst und der Religionspolitik der römisch-byzantinischen Weltmacht. So resultiert die Ablehnung oder Verzeichnung der Person Jesu im Talmud - egal wann und auf welche Weise sie eingetragen wird - aus der feindseligen Haltung, mit der sich Juden und Christen in jenen Tagen begegnen. Diese Stellen, die in vielen neuzeitlichen Talmuddrucken kirchlicher Zensur zum Opfer fallen, sind darum nicht ohne Berücksichtigung des geschichtlichen Zusammenhanges zu verstehen.

Drei Vorwürfe gegen Jesus existieren offenbar in jüdischen Kreisen schon zur Zeit der Evangelienschreiber: Er soll von unehelicher Geburt (Johannes 8,41), von einem bösen Geist besessen (Johannes 8,48.52) und ein Gotteslästerer sein (Markus 14,64). Auch übernehmen wohl Juden aus antichristlich-heidnischer Argumentation stammende Klischees. So erzählt im 2. Jh. der heidnische Philosoph Kelsos (Celsus), Jesus entstamme dem ehebrecherischen Verhältnis seiner Mutter mit dem römischen Soldaten Pandera(s) (»der Panther«). Jesus sei nach Ägypten gegangen, um sich dort als Tagelöhner zu verdingen, habe jedoch Magie gelernt, sich nach seiner Heimkehr als Gott ausgegeben und sei dann nach jüdischem Recht verurteilt worden. Auf diesem Hintergrund lesen wir nun b Sanh 43a:

Die Mischna (VI 1) legt fest, daß einem zur Todesstrafe der Steinigung Verurteilten ein Ausrufer vorangehen muß, um noch einmal den Namen des Täters, sein Verbrechen sowie die Namen der Belastungszeugen zu verkünden, um eventuelle Entlastungszeugen zu finden. Die Gemara: »[I] Abaje sagte: Er muß auch sagen: ›Am Tag N., zur Stunde N. und am Ort N. [geschah das Verbrechen]‹, denn möglicherweise wissen welche Bescheid und kommen und überführen sie (die Prozeßzeugen) als Falsch[zeugen].

[II] ›Und ein Ausrufer geht vor ihm her‹ - also [unmittelbar] vor ihm her, aber nicht früher! -

[III] Aber es wird doch [dem widersprechend] gelehrt: Am Vorabend des Passa-Festes hängte man Jeschu, und der Ausrufer ging [schon] vierzig Tage vor ihm aus: ›Er geht hinaus [zur Steinigung], weil er Zauberei getrieben und Israel [zum Götzendienst] verleitet und verführt hat. Jeder, der etwas zu seiner Entlastung weiß, komme und bringe es für ihn vor!‹ Aber da sie für ihn keine Entlastung fanden, hängten sie ihn am Vorabend des Passa-Festes.

[IV] Es sagte Ula: Glaubst du denn, er (Jeschu) wäre einer gewesen, für den man eine Entlastung hätte erwarten können? Er war doch ein Verleiter zum Götzendienst, und der Allbarmherzige hat gesagt [5. Mose 13,9]: ›Du sollst dich seiner nicht erbarmen und seine Schuld nicht verheimlichen!‹

[V] Mit Jeschu war es anders, da er der Regierung nahestand.

[VI] Die Rabbanan lehrten: Fünf Schüler hatte Jeschu: Matai, Nakai, Nezer, Buni und Toda ...«

Zweierlei ist sofort erkennbar: Jene Aussagen entbehren jeglicher historischen Grundlage; der Quellenwert des legendenhaften Textes ist gleich Null. Die Erwähnung Jesu durch zwei Rabbinen des 4. Jh. n. Chr. erfolgt eher nebenbei; Thema ist die Suche nach Entlastungszeugen für einen zu Steinigenden, wobei man den Fall Jesus als untypisches, abzulehnendes Beispiel anführt. Die Namenskurzform »Jeschu« gegenüber »Jeschua« wird übrigens im Mittelalter als Abkürzung von *jimmach Schemo we-Sikro*, »es möge sein Name und Andenken ausgelöscht werden«, verstanden.

[zu I] Abaje präzisiert die Mischna: Auch Zeit und Ort der Tat müssen öffentlich in Erinnerung gerufen werden.

[zu II] Ein Stück Mischna wird zitiert, um zu betonen, daß der Ausrufer nicht schon Tage vor der Hinrichtung, sondern erst kurz davor ausgeht.

[zu III] Dagegen wird nun der Sonderfall Jeschu angeführt: Sein Ausrufer machte sich bereits vierzig Tage vor der Hinrichtung auf den Weg. Hat hierbei die vierzigtägige Fastenzeit vor Ostern Pate gestanden? Immerhin stimmt das Hinrichtungsdatum mit der Angabe des Johannesevangeliums (19,14) überein. Doch Hängen ist etwas anderes als Kreuzigen: Ein zu Tode Gesteinigter wird hernach noch zwecks Schmach und öffentlicher Abschreckung an einen Pfahl gebunden (M Sanh VI 4; vgl. 5. Mose 21,21-23). Auch ist die Anklage nicht identisch mit dem biblischen Vorwurf der Gotteslästerung (Markus 14,64). Denn ein Verleiter zum Götzendienst ist ein Privatmann, der eine andere Person überredet, einem bestimmten Götzen Opfer darzubringen.

[zu IV] Ula meint: Da Jeschu als unumstößlich überführt galt, hätte man doch nicht noch vierzig Tage bis zur Urteilsvollstrekkung zu warten brauchen.

[zu V] Ihm wird entgegnet: Man habe deshalb so viel Rücksicht nehmen müssen, weil Jeschu Beziehungen zur römischen Regierung unterhielt. Soll hier auf die anfängliche Weigerung des Pilatus, Jesus zu verurteilen (Johannes 18,38; 19,12), angespielt werden? Jedenfalls halten die Rabbinen dieses Verfahren mit Jeschu für eine Ausnahme und stützen die Mischna-Aussage.

[zu VI] Eine *Baraita* - wie übrigens auch in III! - folgt, die in großer Ausführlichkeit - in einem weiteren Einschub - von der Hinrichtung der fünf Jünger Jeschu handelt. Doch weder Zahl noch Namen stimmen; allenfalls läßt sich bei Matai an Matthäus, bei Toda an Thaddäus und bei Nakai an Nikodemus denken.

Die Annahme ist möglich, daß jener Text ursprünglich von einer ganz anderen Person sprach und nur wegen gewisser Parallelen - etwa wegen des identischen Todesdatums - später auf Jesus gemünzt wurde. Denn im selben Traktat begegnen wir im Zusammenhang mit der Diskussion, wer ein Verleiter zum Götzendienst ist, der Gestalt Ben Stadas, der wegen dieses Deliktes im 2. Jh. gesteinigt wurde: »So hat man es mit Ben Stada in Lod gemacht: Und man hängte ihn [nach der Steinigung] am Vorabend des Passafestes.« (b Sanh 67a)

Ein anderes Beispiel aus pT (p AZ II 2, 40d): »Einen Enkel hatte er (R. Jehoschua b. Levi; 250 n. Chr.), der etwas verschluckt hatte. Da kam einer und besprach (beflüsterte) ihn im Namen des Jeschu ben Pandera, und er genas. Als jener hinausgehen wollte, fragte er (Jehoschua) ihn: Was [für eine Formel] hast du über ihn gesprochen? Der entgegnete ihm: Das Wort N. (andere Übersetzung: das Wort eines gewissen N.). Da antwortete er ihm: Was wäre es [doch] für ihn [besser], wäre er gestorben und hätte nicht dieses Wort gehört!«

Der Akzent dieser Episode liegt wiederum nicht auf der Person jenes »Sohnes des Pandera«, sondern auf der Verwendung einer bestimmten Beschwörungsformel zu Heilzwecken. Es wird nicht verraten, ob jener Wundertäter (Juden-) Christ oder Heide ist. Hinter dem Ganzen steht kein Angriff gegen Jesus, dessen Name zudem erst später nachgetragen worden sein kann, sondern gegen magische Praktiken. Wer sich solcher bedient, hat keinen Anteil an der zukünftigen Welt (M Sanh X 1), weshalb der Tod für Jehoschuas Enkel heilvoller gewesen wäre. »Man darf mit den Ketzern (*Minim*) in keinerlei Verkehr stehen; auch darf man sich

von ihnen keine Heilung angedeihen lassen, nicht einmal für eine kleine Lebensdauer.« (b AZ 27b) Zu fragen wäre außerdem, wie wörtlich jene Begebenheit zu nehmen ist. Liegt ihr nicht bloß ein gängiges, beliebtes Erzählschema zugrunde?
Wer demnach erwartet, daß der Talmud in bezug auf Jesus über das Neue Testament hinausführende Angaben macht, wird eines anderen belehrt. Inwieweit jene von Antisemiten aufgebauschten Stellen überhaupt von Jesus sprechen oder gar erst in den Tagen der Saboräer und Gaonen nachgetragen wurden, läßt sich nicht mit Gewißheit sagen. Es ist heute wichtiger, Übereinstimmungen Jesu mit vielen Talmudgelehrten herauszustellen, um deutlich zu machen: Das Wort wurde (wirklich) Fleisch, sprich: Jude. Einige Sätze mit Parallelen in der Bergpredigt, der »christlichen Tora«: »R. Tanchum b. Chanilaj sagte: Wer für die Worte der Tora auf dieser Welt hungert, den wird der Heilige, gepriesen sei er, in der zukünftigen Welt sättigen.« (b Sanh 100a; vgl. Matthäus 5,6) »Resch Lakisch sagte: Wer seine Hand gegen seinen Nächsten erhebt, auch wenn er ihn [gar] nicht geschlagen hat, heißt ein Bösewicht.« (b Sanh 58b; vgl. Mt 5,22) »R. El'azar sagte: Wer heimlich Wohltätigkeit übt, ist größer als unser Meister Mose ... Ferner sagte R. Jizchak: Wer einem Armen eine Peruta (Münze von geringem Wert) gibt, wird mit sechs Segnungen bedacht, und wer ihn mit Worten tröstet, wird mit elf Segnungen bedacht.« (b BB 9b; vgl. Mt 6,2-4) R. Jischma'el b. R. Jose sagte: »Wer das Gebet verrichtet, richte die Augen nach unten und das Herz nach oben.« (b Jeb 105b; vgl. Mt 6,5f.) R. Hona sagte: »Die Worte des Menschen vor dem Heiligen, gepriesen sei er, sollen stets wenig sein.« (b Ber 61a; vgl. Mt 6,7) »R. Schim'on b. El'azar sagte: Hast du je in deinem Leben ein Tier oder einen Vogel ein Gewerbe treiben sehen? Diese werden ohne Mühsal ernährt, obgleich sie erschaffen worden sind, nur um mich zu bedienen; um wieviel mehr sollte ich, der ich erschaffen worden bin, um meinem Schöpfer zu dienen, ohne Mühsal ernährt werden.« (M Kid IV 14; vgl. Mt 6,26) »Wenn jemand zu einem sagte: Nimm fort den Splitter zwischen deinen Augen, so erwiderte ihm dieser: Nimm fort den Balken zwischen deinen Augen.« (b BB 15b.; vgl. Mt. 7,3ff.)

Jesu Lehre und Verbot, die Gültigkeit der Tora auch nur im geringsten anzutasten, findet sich somit in den Aussagen der Rabbinen wieder. Jedoch dürfte der von ihm erhobene Vollmachtsanspruch die Scheidung bedingt haben: daß derjenige, der sich ganz auf ihn einläßt, das Heil erlangt bzw. daß derjenige, der sich ihm verweigert, dessen verlustig geht. Darum scheint folgendes Wort von R. Abbahu in pT - gerade weil es den Namen Jesu unterdrückt - am ehesten gegen ihn und seine Anhänger gerichtet zu sein (p Taan II 1,65b): »Wenn zu dir jemand sagt: ›Ich bin Gott‹ - so lügt er; ›ich bin der Menschensohn‹ - so wird er es bereuen; ›ich steige zum Himmel empor‹ - so hat er es gesagt, aber wird es nicht vollbringen.«

Aufgabe: Sie erinnern sich: Wer am Sabbat zwei Buchstaben schreibt, begeht eine verbotene Arbeit. In M Schab XII 4 heißt es weiter: »Wer auf seinen Körper schreibt, ist schuldig. Wer seinen Körper tätowiert, den erklärt R. Eli'ezer eines Sündopfers für schuldig, die Weisen aber [erklären ihn] für schuldfrei.« Dazu die Gemara, die in vielen Talmudausgaben christlicher Zensur anheimfiel: »Es wird gelehrt: Da sagte ihnen R. Eli'ezer: Hat denn nicht Ben Stada Zauberei aus Ägypten mitgebracht durch Tätowierung auf seinem Körper? Sie antworteten ihm: Ein Narr war er, und man bringt keinen Beweis von Narren her. Ben Stada ist Ben Pandera.« (b Schab 104b) Erklären Sie sowohl jene Sabbat- wie die Ben Stada-Problematik!

17. Die besseren Hälften - Rabbinenfrauen

Namentlich erwähnte Frauen in leitenden, zumindest Beachtung heischenden Positionen sind im Talmud eine Rarität, was durch die bereits gestreifte rabbinische Rollenverteilung bedingt ist. Drei sind immerhin erwähnenswert:

- *Rachel* ist Rabbi Akibas Frau. Sie heiratet ihn, als er noch einfacher Hirte bei ihrem reichen Vater ist, wird deswegen enterbt und verkauft dann sogar ihr Haar, um ihm das Studium zu ermöglichen. Als Akiba nach zwölf Jahren von der Akademie in

Lod zurückkehrt, hört er hinter seinem Haus, wie jemand seine Frau provoziert: »Er ließ dich all die Jahre als Witwe bei Lebzeiten.« Darauf sie: »Würde er auf mich hören, könnte er noch zwölf Jahre wegbleiben«, was der heimliche Lauscher auch spontan tut. Er kommt dann aus seinem eigenen Lehrhaus in Bene Berak zurück in Begleitung von sage und schreibe 24.000 Schülerpaaren (nach anderer Version »nur« mit 24.000 Schülern), die die ihnen unbekannte Frau von ihm fernhalten wollen. Doch er: »Laßt sie in Ruhe! Meines und Eures ist Ihres!«, d. h. nicht nur, was ich geworden bin, sondern auch was ihr seid, habt ihr meiner Frau zu verdanken. Diese idyllische Novelle von der selbstlosen, allem entsagenden Liebe Rachels - natürlich zugunsten der Tora-Verbreitung - liegt in mehreren Fassungen vor (b Ket 62b/63a; b Ned 50a). Bleibt anzumerken, daß Rachels Vater ein Einsehen hat und die Enterbung zurücknimmt. Ende gut, alles gut!

- *Imma Schalom* (»Mutter Friede«), die Schwester des Rabban Gamli'el II., ist mit R. Eli'ezer ben Hyrkanos verheiratet, der uns schon mit seinem wenig schmeichelhaften Spruch »Wer seine Tochter Tora lehrt, lehrt sie [doch nur] Obszönität« vertraut ist. Offenbar hält er Frauen für frivole, ungebildete Wesen. Seine Frau ist freilich - vielleicht gerade deswegen - das Gegenteil dessen. Als Eli'ezer durch ihren Bruder, den Sanhedrin-Vorsitzenden, wegen seiner starren Haltung in Bann getan (exkommuniziert) wird, steht sie gleichsam zwischen beiden Fronten. Sie möchte verhindern, daß Eli'ezer ihren Bruder heimlich verflucht, und hält ihn fortan davon ab, »aufs Gesicht zu fallen«. Damit ist das Niederfallen beim Tachanun-Gebet gemeint, denn in diesem Gebet wird um die Vernichtung der Feinde gebetet, in heutiger Fassung: »Weichet von mir, all ihr Übeltäter ... Zuschanden werden und sehr erschrecken alle meine Feinde.« Imma befürchtet, dies könne sich im Blick auf Gamli'el bewahrheiten. Leider wird sie eines Tages abgelenkt: »Manche erzählen, ein Armer stand vor der Tür, und sie trug ihm Brot hinaus. Da fand sie ihn (ihren Mann), daß er [doch] aufs Gesicht gefallen war. Sie sprach zu ihm: Steh auf, du hast meinen Bruder getötet. Währenddessen verkündete eine Posaune aus dem Haus R. Gamli'els, daß er verstorben sei. Er (Eli'ezer) fragte sie: Woher weißt du dies? Sie erwiderte: Es ist mir aus meinem Vaterhaus überliefert: Sind auch alle Tore verschlossen, so doch nicht die Tore der Kränkung.« Ihre Ahnungen haben sie nicht getrogen; Eli'ezer hat während des Gebetes an seinen Schwager gedacht (b BM 59b). - *Berurja* (»der Herr ist klar«), Tochter des R. Chananja b. Teradjon und Gattin des berühmten Rabbi Me'ir, übt unverhohlene Kritik am traditionellen Frauenbild, wie folgende Episode zeigt: »R. Jose der Galiläer ging einst auf dem Wege, und als er Berurja traf, fragte er sie: Auf welchem Weg geht man nach Lod? Da erwiderte sie ihm: Dummer Galiläer! Die Weisen sagten doch, daß man nicht viel mit einem Weib reden soll (vgl. M Ab I 5: »Führe kein langes Gespräch mit dem Weib«). Du solltest [lieber so] fragen: Welcher nach Lod?« (b Er 53b) Des weiteren ist Berurja bekannt wegen ihres phänomenalen Gedächtnisses. Sie soll pro Tag 300 Lehren von 300 Myriaden (drei Millionen?; andere Wiedergabe: die 300 Traditionen von 300 Meistern) - jedenfalls eine unglaublich große Zahl - erlernen können (b Pes 62b). Auch die rabbinische Kunst der Schriftauslegung beherrscht sie: »Ein Ketzer (*Min*) sprach zu Berurja: Es heißt [Jesaja 54,1]: ›Juble, du Unfruchtbare, die du nicht geboren hast!‹ Weil sie nicht geboren hat, soll sie jubeln? Sie erwiderte ihm: Tor, beachte den Versschluß, denn es heißt [dort]: ›denn zahlreicher sind die Kinder der verlassenen als die der verheirateten [Frau], spricht der Herr.‹ [Die Worte] ›Unfruchtbare, die du nicht geboren hast‹, sind [folglich] so zu verstehen: Juble, Gemeinde Israel, die du einer unfruchtbaren Frau gleichst, die nicht - wie ihr Ketzer - Kinder für das Fegefeuer geboren hat.« (b Ber 10a) »Beachte den Versschluß« - dieser von ihr mehrfach erteilte Rat wird später sogar zum Auslegungsprinzip erhoben. Berurja, Hauptfigur mehrerer Romane, soll nach einer Legende Raschis schließlich doch von einem Schüler Me'irs verführt worden sein, sich daraufhin erhängt haben, und Me'ir soll wegen der Schande geflohen sein.

Man wird jene Frauengestalten zwar nicht als Tora-Lehrerinnen charakterisieren dürfen, doch sind sie in der Halacha gut bewandert, leben nach der Tora und üben großen Einfluß auf die Entscheidung ihrer Männer aus. Ohne seine Frau hätte es wohl keiner von ihnen so weit gebracht.

Aufgabe: Lesen Sie nun, wie Imma Schalom und ihr Bruder Gamli'el mit einem (christlichen) Philosophen verfahren. Man muß noch wissen, daß ihr Mann Eli'ezer selbst verdächtigt wird, dem Christentum zuzuneigen. Ratsam ist es, sich zuvor auch Matthäus 5,16f. anzusehen. Hat diese Haggada (b Schab 116a/b) eine antichristliche Ausrichtung?:

»[I] Imma Schalom ... hatte einen Philosophen in der Nachbarschaft, der im Rufe stand, [in seiner Funktion als Richter] keine Bestechung zu nehmen. Aber sie [und ihr Bruder] wollten sich über ihn lustig machen. [Zunächst] brachte sie ihm eine goldene Lampe, trat vor ihn und sprach: Ich möchte meinen Anteil an der Erbschaft des Fürstenhauses (ihres Vaters) erhalten. Da sprach dieser: So teilt unter euch!

[II] Darauf sprach jener (ihr Bruder): Bei uns steht geschrieben: ›Wenn ein Sohn vorhanden ist, erbe die Tochter nicht mit.‹ (frei nach 4. Mose 27,1ff.) Dieser (der Philosoph) erwiderte: Seit dem Tag, an dem ihr [Juden] aus eurem Lande vertrieben worden seid, wurde die Tora Moses aufgehoben und das Evangelium gegeben, und in diesem heißt es: ›Sohn und Tochter sollen gleichmäßig erben.‹ (im Neuen Testament nicht zu finden)

[III] Am nächsten Tag schenkte er (R. Gamli'el) ihm einen libyschen Esel. Da sprach dieser: Sehet die Fortsetzung im Evangelium, denn da heißt es [Matthäus 5,17]: ›Ich (Evangelium) bin nicht die Tora Moses vermindern gekommen, sondern ergänzen.‹ In dieser aber heißt es [siehe oben]: ›Wenn ein Sohn vorhanden ist, erbe die Tochter nicht mit.‹

[IV] Hierauf sprach sie (Imma): Lasse doch dein Licht gleich einer Lampe leuchten! Da sprach R. Gamli'el: Der Esel kam und stieß die Lampe um.«

18. Die Tora ist nicht im Himmel

Mit diesem Kapitel wollen wir uns wieder dem Talmud selbst zuwenden: Wieso fanden seine Lehren trotz der Vielzahl verschiedener Rabbinenmeinungen uneingeschränkte Geltung? Anders formuliert: Wodurch erhielt der »Zaun um die Tora«, der in den meisten Fällen keine Tora-Basis aufweist, sondern auf rein rabbinischen Entscheidungen beruht, seine Festigkeit und Geschlossenheit? Fünf Gründe sind zu nennen:

(1) *Halachot* sind dann gültig, wenn sie aus der Schrift ableitbar sind. Damit jedoch nicht Spitzfindigkeiten und Spielereien bei der Auslegung Tor und Tür geöffnet sind, bedarf es dazu anerkannter Auslegungsregeln. Von ihnen wird noch die Rede sein. Selbst manche dieser Regeln dürfen nur für haggadische - unverbindliche - Passagen angewandt werden. R. Akiba war beispielsweise für seine penible, pedantische Bibelversausdeutung bekannt. Einmal wurde er sogar von R. El'azar b. Azarja wegen einer höchst umstrittenen haggadischen Interpretation getadelt: »Akiba, was hast du mit der Haggada zu tun? Befasse dich lieber mit [den *Halachot* über Unreinheit durch] Aussatz und Bezeltung (Leichenunreinheit)«; sie galten als besonders schwierig (b Sanh 38b). M. a. W., Schuster, bleib bei deinem Leisten!

(2) Gewichtiger als der Schriftbeweis ist die Abstützung einer Halacha durch rabbinische Tradition und Autorität, hinter der noch ihr göttlicher Ursprung gesehen wird. Bekanntlich waren in biblischer Zeit Priester und Richter Vermittler der Tora: »Du darfst von dem Spruch, den sie dir kundtun, weder zur Rechten noch zur Linken abweichen.« (5. Mose 17,11)

Die Rabbinen in den Tagen von Mischna und Gemara verstehen sich als legitime Erben jener gesetzgebenden Gewalt. Raschi kann sogar sagen, man habe ihnen selbst dann zu gehorchen, wenn sie einem erzählen, rechts sei links und links sei rechts. Die Unterordnung unter ihre Entscheidung ist auch deshalb möglich, weil sie in jener geschilderten Überliefererkette von Mose bis auf ihre Gegenwart zu stehen beanspruchen. Wie die katholische Kirche großen Wert auf die ununterbrochene Folge bischöflicher Handauflegung, die »apostolische Sukzession«, legt, so ist für

Rabbinen der Rückbezug auf die Meinungen namhafter Vorgänger zur Autorisierung der eigenen unabdingbar. Ohne diese Idealvorstellung, das mündlich an Mose ergangene Gotteswort sei jahrtausendelang wortgetreu und nahtlos von Hörer zu Hörer weitergereicht worden, hätten sie jenen normativen Anspruch nie erheben können. Nicht nur der »Zaun um die Tora«, sondern auch die Kette der »Zaunbauer« muß lückenlos sein! Die Rabbinen selbst vergleichen dies mit einem Ballspiel: »So wie der Spielball von Hand zu Hand geschleudert wird und endlich in einer Hand zur Ruhe gelangt, so erhielt Mose die Lehre vom Sinai und gab sie immer weiter.« (KohR zu 12,11) Dies erklärt die ständige, oft monoton wirkende Aufzählung von Gelehrtennamen und Urhebern von Diskussionen. Beispiel (M Pea II 6): »Es sagte Nachum der Schreiber: Es ist mir von Rabbi Majascha überliefert worden, was er von seinem Vater überliefert bekam, was jener von den Paaren [siehe S. 77] überliefert erhielt, was [wiederum] jene von den Propheten überliefert erhielten als eine Halacha [Gottes] an Mose vom Sinai, daß nämlich ...« Es folgt der konkrete Sachverhalt.

Nachum kann seine Halacha nur zu Gehör bringen unter Berufung auf die Tradentenkette. Er muß sozusagen den »Ball« auffangen, um am Ball zu bleiben. Ähnlich wird von Hillel berichtet, er habe einmal einen Tag lang versucht, eine Lehre durch Auslegung einer Bibelstelle zu belegen - doch vergeblich. Erst als er behauptete: »Ich habe es von dem und dem gehört«, erkannte man seine Meinung an. Auch Jesus argumentiert entsprechend: »Ihr habt gehört (d. h. als Tradition empfangen), daß zu den Alten (den früheren Generationen) gesagt ist ...« oder: »Es ist auch gesagt (als Tradition gelehrt) worden ... - Ich aber sage euch.« (Matthäus 5,21.27.31.33.38.43)

(3) Ferner ist ein Mehrheitsbeschluß von Rabbinen bindend. Immer wieder können wir lesen: »Sie (die Rabbinen/Weisen) sagten ...« Andere Meinungen werden demgegenüber namentlich überliefert und widerlegt. »An jenem Tage zählten sie (d. h. stimmten sie ab) und beendeten (entschieden den Fall).« (M Jad IV 1) Daß man sich nach der Majorität zu richten hat, entnehmen Rabbinen dem Verbot: »Du sollst nicht einer Mehrheit folgen zu

bösen Dingen.« (2. Mose 23,2) M. a. W., man soll ihr wohl folgen zum Guten (M Sanh I 6). Klassisch ist der Streit zwischen R. Eli'ezer ben Hyrkanos gegen die Weisen über die Frage, ob ein bestimmter Backofen Unreinheit annehmen könne (b BM 59a/b): Nachdem einige Wunder, die Eli'ezer zwecks Stützung seiner Meinung vollbracht hat, von ihnen nicht akzeptiert wurden, ruft er: »Wenn die Halacha nach mir gehen soll, so mögen sie es vom Himmel her bestätigen«, worauf eine Himmelsstimme vernehmbar wird: »Was habt ihr mit Rabbi Eli'ezer? Die Halacha geht nach ihm.« Doch selbst diesen Bescheid lehnen die Rabbinen ab: Man hat sich der Mehrheit zu beugen! Außerdem ist die Tora am Berg Sinai in die Welt eingegangen. Sie ist zwar vom Himmel, aber nicht mehr im Himmel (vgl. 5. Mose 30,11f.). Ähnlich antwortet Gott auf Satans Frage: »Wo ist die Tora?«: »Ich habe sie der Erde gegeben.« (b Schab 89a) Noch ein Beispiel für die Bindung an die Majorität (M Ed V 7): »In seiner Sterbestunde sprach Akabja b. Mahalal'el zu seinem Sohn: Laß ab von den vier Sätzen, die ich gelehrt habe! Dieser antwortete: Warum bist du nicht selbst von ihnen zurückgetreten? Er antwortete ihm: Ich habe sie aus dem Mund mehrerer gehört ... Aber du hast es aus dem Munde eines einzelnen gehört ... Darum ist es besser, die Worte des einzelnen zu lassen und sich an die Worte mehrerer zu halten.«

(4) Auch ein späterer Brauch kann zur Halacha erklärt werden. »Wie ist die Halacha?« - »Geh und sieh, wie das Volk verfährt.« (b Ber 45a) Solche Bräuche bilden sich aus historischen oder sozialen Notwendigkeiten heraus; auch regionale Erfordernisse können Allgemeingut werden. Daß bis heute außerhalb Israels trotz eines genau fixierten Kalendariums Feste wie Neujahr oder Schawuot zwei Tage lang begangen werden, beruht noch auf altem Usus: Wegen der von Jerusalem aus erforderlichen Verkündung eines neuen Monats - bei Sichtbarwerden des Neumondes - kam es im Ausland nicht selten zu Unklarheiten oder Verzögerungen. Vorsorglich feierte man daher gleich zwei Festtage, - eine im Grunde jetzt überflüssige Einrichtung. Daß sich andererseits eine Sitte auch wieder abändern läßt, zeigt sich beispielsweise daran, daß der Große Versöhnungstag (*Jom Kip-*

pur) früher ebenfalls - zumindest in Babylonien - zwei Tage lang begangen wurde (b RH 21a). Doch ein 48stündiges Fasten ist nicht nur anstrengend, sondern mag auch die Gesundheit gefährden. Falls ein Sabbat voraufgeht oder folgt, besteht zudem ein gleich dreitägiges Arbeitsverbot. So müssen Bräuche sowohl dem Gesichtspunkt der Stabilität wie Flexibilität Rechnung tragen.

Die Rabbinen geben solchen Bräuchen eine halachische Basis. Beispiel: Das Lichterfest *Chanukka* wird frühestens seit 165 v. Chr. gefeiert. Der Talmud zitiert den Segensspruch über die Chanukkaleuchte : »Gepriesen sei, der uns durch seine Gebote geheiligt und uns das Chanukkalicht anzuzünden geboten hat.« Darauf die berechtigte Frage: »Wo hat er (Gott) uns dies geboten?« Antwort: »[Im - schon oben angeführten - Gebot 5. Mose 17,11:] ›Du sollst nicht abweichen ...‹« (b Suk 46a) Hier wird ein beliebter und vertrauter Usus aus nachbiblischer Zeit mit jener Schriftstelle vom Gehorsam gegenüber Rabbinen begründet. Ähnlich ist es mit dem Brauch der Sabbatkerze oder mit der Rezitation der Hallel-Psalmen (113-118) am Passa-Abend bestellt. Auch die Sitte, einen Toten in schlichtem, weißem Laken beizusetzen, bürgert sich im 1. Jh. n. Chr. ein (b MK 27b), ebenso wie der Brauch, eine Kopfbedeckung (*Kippa*) zu tragen, erst durch Rabbinen eingeführt wird: »Bedecke dein Haupt, so daß der Segen Gottes auf dir ruhe.« (b Schab 156b; vgl. b Kid 31a) In biblischer Zeit bedeckten nur Priester während ihres Dienstes den Kopf (2. Mose 28,40). Jetzt aber sollen alle Juden »ein Königreich von Priestern« (2. Mose 19,6) bilden. Aus einem speziell priesterlich-biblischen ist somit ein rabbinisch-allgemeiner Brauch geworden, der gleichwertig neben den Torageboten als mündliche Tora steht.

(5) Schließlich ist auch die Entscheidung des Volkes zwecks Anerkennung einer Halacha zu respektieren. Erst wenn sich eine Lehre in der Praxis durchsetzt, ist sie gültig. »Man darf der Gemeinde nur dann eine erschwerende Bestimmung auferlegen, wenn die Mehrheit sie tragen kann.« (b BK 79b) Ansonsten ist sie abzuändern. Beispiel: Zunächst war Juden die Verwendung von Öl - durch Nichtjuden hergestellt - verboten. Doch setzte man

sich größtenteils darüber hinweg, weil man dieses Verbot nur schwer halten konnte. Die Folge: Es wurde abgeschafft. Selbst mit biblischen Bestimmungen ging man so um: Beispielsweise gab R. Jochanan b. Zakkai nach dem Untergang des Tempels das in 4. Mose 5 geschilderte, demütigende Verfahren bei einer des Ehebruchs verdächtigen Frau auf. Doch dies hinderte Rabbinen keineswegs, trotzdem dieser Prozedur einen ausführlichen Traktat (*Sota*) zu widmen.

Aufgabe: Bis heute gilt, daß ein jüdischer Gottesdienst nur stattfinden kann, wenn mindestens zehn Männer (ein *Minjan*) anwesend sind. Diese nichtbiblische Bestimmung sollen Sie auf rabbinische Weise aus der Tora ableiten. Verschaffen Sie sich dazu einen Überblick über die Erzählung von den israelitischen Kundschaftern 4. Mose 13f., konzentrieren Sie sich dann auf 14,27 und kombinieren Sie diese Stelle mit 3. Mose 22,32 und Psalm 82,1!

19. »Auge um Auge«: Die Tiefendimension der Tora

Wie gehen Rabbinen mit der Schrift um? Auf welche Weise untermauern sie ihre Halachot durch Rückbezug auf die Bibel? Es ist dies die Frage nach der »Zaunbau-Technik«. Die Antwort: »Alles ist in ihr (der Tora)« (M ab V 22[25]), d. h., man muß es nur zu finden, zu verdeutlichen wissen. Die Abstützung rabbinischer Sätze mittels Schriftbeweis ist in dem Moment wichtig, als ihre Autorität durch antirabbinische Strömungen - etwa durch Sadduzäer oder Gnostiker - angezweifelt wird. Man muß sich legitimieren können und Widersprüche zur Tora möglichst harmonisieren.
Jüdische Schriftauslegung geht zunächst vom buchstäblichen Sinn (dem Literalsinn) eines Verses aus, hält ein geschildertes Ereignis für historisch und einen biblischen Bericht für wahr. Doch kennen wir selbst genug dunkle Bibelstellen, die einer über den Textsinn hinausgehenden Deutung bedürfen. Deshalb versuchen Rabbinen zum tieferen Gehalt einer Aussage vorzudringen. Was ist unter der Oberfläche des Wortlautes verborgen? Was

steht zwischen den Zeilen? Sie achten auf Wortwiederholungen, gegensätzliche Ansichten, überflüssige Buchstaben - siehe die Diskussion um das doppelte *Jod* ! -, überhaupt auf jedes Häkchen der Tora und entdecken selbst hinter Zahlen moralische Lehren. Leitendes Prinzip dabei ist: »Die Schrift geht nicht aus ihrem Wortlaut hervor.« (b Schab 63a) Kein Text ist wortwörtlich genommen zu verstehen. Niemals hätte sonst der Talmud entstehen können. Jene doppelte Schriftinterpretation nennt man Pschat und Drasch:

Pschat , »wörtlicher Sinn«, ist die einfache, buchstabengetreue Erklärung;

Drasch , »gesuchter Sinn«, ist die hintersinnige, tiefgründige Auslegung.

Nur über den Wortsinn mittels Pschat gelangt man zum Geistsinn mittels Drasch. Zwei Beispiele sollen diesen Zweischritt illustrieren:

5. Mose 24,16 besagt im Klartext: Es gibt keine Kollektiv- oder Solidarhaftung. Jeder ist für sein Tun ganz allein, persönlich verantwortlich. Der Talmud präsentiert jenen Vers tatsächlich zunächst im Pschat (b Sanh 27b): »Was lehrt dies? ... daß Väter nicht wegen der Sünde der Kinder und Kinder nicht wegen der Sünde der Väter hingerichtet werden sollen.« Dann folgt der Drasch: »Es sollen nicht Väter ... durch das Zeugnis der Kinder und Kinder nicht ... durch das Zeugnis der Väter hingerichtet werden.« Diese Paraphrase des Verses soll die voranstehende Mischna (M Sanh III 1.4) stützen, daß Verwandte in Prozessen nicht gegeneinander als Zeugen auftreten dürfen.

Das andere Beispiel greift das landauf landab gängigste, leider meist mißverstandene Wort des Alten Testamentes vom »Auge um Auge« (2. Mose 21,23f.) auf. Nach dem Pschat soll dem Täter exakt das widerfahren, was er seinem Opfer an körperlichem Schaden zugefügt hat; es soll ihm dementsprechend heimgezahlt und vergolten werden. Diesem wörtlichen Verständnis entspricht Martin Luther Kings Bemerkung: »Das alte Gesetz von ›Auge um Auge‹ hinterläßt auf beiden Seiten Blinde.« Nach rabbinischem Drasch aber geht es hier um die finanzielle Ersatzleistung des Täters an das Opfer für die verursachte Verletzung. »Wer seinem Nächsten eine Verletzung zufügt, ist ihm hinsichtlich von fünf Dingen [Entschädigung] schuldig: Schadensersatz, Schmerzensgeld, Kurkosten, Versäumnisgeld und Beschämungsgeld.« (M BK VIII 1) Noch aktueller die Gemara (b BK 83b): »Für das Leben eines Mörders darf man kein Lösegeld nehmen [vgl. 4. Mose 35,31], aber man darf Lösegeld annehmen für nicht nachwachsende, vorstehende Gliedmaßen ... R. Dostai b. Jehuda sagte: ›Auge für Auge‹: eine Geldentschädigung. - Du sagst: Geldentschädigung. Oder nicht doch vielleicht das wirkliche Auge? - Siehe, wenn das Auge des einen (des Verletzten) groß war und das Auge des anderen (des Verletzers) klein ist, wie kann man dann das Schriftwort [wörtlich] aufrechterhalten ›Auge für Auge‹?« Von »Heimzahlung mit gleicher Münze« und Rachedenken (Franz Alt: Frieden ist möglich) ist also keine Rede. Eher: Die freie Interpretation der Torastelle durch die Rabbinen ist gerade Beleg für ihre milde und zeitgemäße Urteilsweise. Daß Jesu Deutung noch revolutionärer ist (Matthäus 5,38f.), stellt ihn keineswegs in Widerspruch zur jüdischen Auffassung seiner Tage. Kein Jude würde von einer (notwendig gewordenen) Weiterentwicklung der Tora sprechen. Vielmehr ist die rabbinische Deutung auch die Meinung der schriftlichen Tora. Es hat demzufolge keine »graue Vorzeit« gegeben, in welcher das »Auge-um-Auge«-Prinzip im Sinne einer körperlichen Verstümmelung Anwendung gefunden hätte. Der *Drasch* macht auf den Geist der Tora aufmerksam.

Im Mittelalter kennen Juden gar eine vierstufige Auslegungsweise, *Pardes,* »Paradies«, genannt: *Pschat* ist das wörtliche, *Remez* das allegorisch-hinweisende, *Drasch* das breit kommentierende und *Sod* das mystisch-esoterische Textverständnis. Erst nach Durchschreiten der letzten, tiefsten Auslegungsstufe erschließt sich einem wirklich die jenseitige Welt, und man kann gleichsam schon einen Blick ins Paradies werfen. Verständlich, daß man - um einigermaßen Auslegungswillkür vorzubeugen - feste Regeln der Schriftinterpretation braucht. »In der Schule R. Jischma'els wurde gelehrt [Jeremia 23,29]: ›Und wie ein Hammer Felsen zersplittert‹, wie der [Stein durch den] Hammer in viele Splitter zerteilt wird, ebenso zerfällt ein Schriftvers in viele Deutungen.«

(b Sanh 34a) Dem vergleichbar wäre der von den Kirchenvätern praktizierte allegorische, symbolische, typologische, geistliche oder mystische Umgang mit der Bibel. Zwei Voraussetzungen müssen zwecks Aufstellung bestimmter Auslegungsregeln anerkannt sein:

- Die Tora bildet eine Einheit, ein geschlossenes Ganzes. Sie enthält Gottes Offenbarung ohne Abstriche, weshalb hier nichts zufällig oder überflüssig sein kann. Leichtfertigem Umgang mit ihr wird ein Riegel vorgeschoben. Die Tora läßt sich nur mittels der Tora selbst auslegen.
- Die Tora ist ewig, unveränderlich trotz des Wandels der Zeiten. Alles ist in ihr darum gleichzeitig, gleichrangig und universalgültig. »Dies besagt, daß es in der Tora kein Früher oder Später gibt« (b Pes 6b), was sich z. B. am Traktat *Middot,* »(Tempel-)Maße«, festmachen läßt: Obwohl das Aussehen des Tempels im Laufe eines Jahrtausends von König Salomo bis auf die Tage des Herodes mannigfaltigen Änderungen unterworfen war, liefern die Rabbinen ein statisches, synthetisches Bild, das nie der Realität entsprach.

Auf Hillel, den »Neubegründer der Tora«, führt man sieben *Middot*, »Maße«, »Richtlinien (zur Tora-Auslegung)«, zurück. Sie gelten als älteste Zusammenstellung, obwohl einige wesentlich älter und schon in der Tora selbst zu entdecken sind. Sie begegnen dann übrigens auch bei Paulus, der ja oft Zitate aus dem Alten Testament anführt. Kritiker bescheinigen ihm eine »talmudische Dialektik zu einem antitalmudischen Zweck«, weil er die Gültigkeit der Tora antaste (Römer 3,28: »... ohne Werke der Tora, allein durch den Glauben«). Nun einige der sieben Deuteregeln Hillels:

- *Kal wa-Chomer*, »Leichtes und Schweres«, die Schlußfolgerung vom Leichten (weniger Bedeutenden) auf das Schwerere (Bedeutendere) - und umgekehrt. Beispiel: »Wenn Gott sich so sehr über das vergossene Blut der Frevler (der zur Hinrichtung bestimmten Verurteilten) grämt, um wieviel mehr [grämt er sich] über das Blut der Frommen.« (M Sanh VI 5)
- *Gezera schawa,* »gleiche Verordnung«, »analoger Ausdruck«, der Analogieschluß: Wenn in zwei Tora-Sätzen - unabhängig von

ihrer Gewichtigkeit - gleiche Wortformen vorkommen, unterliegen jene Gebote gleichen Anwendungsbestimmungen. Aus der Gleichheit des Ausdrucks wird auf eine inhaltliche, wesenhafte Verwandtschaft geschlossen. Beispiel (b Pes 66a): »Hillel sagte: Der Ausdruck ›seine [festgesetzte] Zeit‹ kommt vor bezüglich des Passa-Opfers [4. Mose 9,2] und hinsichtlich des täglichen [Tamid-]Opfers [4. Mose 28,2]. Daraus ist zu folgern, daß - so, wie das tägliche Opfer den Sabbat verdrängt [4. Mose 28,9f.] - auch das Passa-Opfer den Sabbat verdrängt [wenn das Passa-Fest auf einen Sabbat fällt].« Hillel beantwortet damit die bislang offene Frage, ob das Passa wichtiger als der Sabbat sei, unter Verweis auf das ebenfalls am Sabbat dargebrachte tägliche Opfer positiv.

- *Kelal u-Ferat* , »Generelles und Spezielles« - bzw. umgekehrt, die Schlußfolgerung vom Allgemeinen auf das Besondere oder die vom Besonderen auf das Allgemeine. Beispiel für erstere: 5. Mose 22,11 verbietet ein Kleid (Allgemeinbegriff) anzuziehen, das aus Wolle und Flachs (Spezialbegriffe) zugleich gewebt ist. Hieraus folgern die Rabbinen, daß das Verbot, ein Kleidungsstück aus Mischgewebe zu tragen, nur eines aus Wolle und Flachs betreffe, nicht aber eines etwa aus Flachs und Hanf (M Kil IX 1). Beispiel für letzteres: 2. Mose 23,19 verbietet das Kochen eines Böckleins (Spezialbegriff) in der Milch (Allgemeinbegriff) seiner Mutter. Mag sein, daß damit ursprünglich ein heidnisch-magischer Brauch verwehrt werden sollte. Die Talmudgelehrten verallgemeinern jedoch und verbieten den Genuß von Milch- zusammen mit Fleischprodukten überhaupt (b Chul 103b ff.). Bis heute pflegen darum Juden zwischen einem Fleisch- und einem Milch-(Käse-/Quark-)Gericht bis zu sechs Stunden verstreichen zu lassen. Für Milchiges und Fleischiges darf man auch nie dasselbe Geschirr oder Schrankfach verwenden.

- *Dabar ha-lamed me-Injano* , »eine Sache, die gelehrt wird aus ihrem Kontext«: die Schlußfolgerung aus dem Textzusammenhang. Beispiel: »Du sollst nicht stehlen« (2. Mose 20,15) verstehen die Rabbinen als Verbot des Menschenraubes, weil die anderen Bestimmungen in seinem Umfeld (nicht töten, ehebrechen usw.) ebenfalls auf Personen ausgerichtet seien. Sie vergessen aber nicht, darauf hinzuweisen, daß dasselbe Verbot in 3. Mose 19,11 wiederkehrt - dort jedoch auf Gelddiebstahl bezogen (b Sanh 86a).

Hillels sieben *Middot* hat dann Anfang des 2. Jh. n. Chr. R. Jischma'el b. Elischa auf 13 erweitert. Diese sind gleichsam die gültige Richtschnur geworden und heute sogar Bestandteil des täglichen Morgengebetes. R. Eli'ezer b. Jose ha-Gelili soll es dann Mitte des 2. Jh. auf 32 Regeln gebracht haben, die jedoch erst in nachtalmudischer Zeit Anerkennung fanden. Daß man erwähnte Auslegungsrichtlinien nicht immer nur zur Begründung von *Halachot* anwandte, sondern mittels ihrer auch rein spielerisch geistige Höhenflüge unternehmen konnte, beweist die Aufnahmebedingung in das Gremium des Hohen Rates: »Man wähle nur solche in den Sanhedrin, die aus der Tora nachweisen können, daß das Kriechtier rein ist«, d. h. , die äußerst scharfsinnig sind, denn laut Tora - 3. Mose 11,41 ff. - gelten Kriechtiere als unrein (b Sanh 17a). Sicher tun wir uns als Außenstehende mit dieser Auslegungsweise schwer, weil sie auf den ersten Blick gezwungen und künstlich anmutet. Aber gerade sie hinterfragt kritisch unseren oft zu nüchtern-wissenschaftlichen Umgang mit der Bibel und regt zum Nachdenken über unser allzu leichtfertiges Urteilen über echt und unecht an. Juden sagen: Wer auch nur einen einzigen Buchstaben der Tora verändert, ist wie einer, der die ganze Welt zerstört. »Und selbst wenn einer sagt, die ganze Tora sei vom Himmel, mit Ausnahme von einer Feinheit oder von einem [Schluß vom] Leichteren auf das Schwerere oder einer Wortanalogie, so beziehen sich auf ihn [die Worte 4. Mose 15,31]: ›Denn er hat das Wort des Herrn verachtet.‹« (b Sanh 99a)

Aufgabe: Lesen Sie 2. Mose 6,12; Römer 4,8-11; 5,15; 13,9 und weisen Sie ihnen Hillels *Middot* zu! - 3. Mose 22,28 schreibt: »Ein Rind oder Schaf soll man nicht mit seinem Jungen an *einem* (d. h. am selben) Tag schlachten. Dazu M Chul V 5: »Bei dem ›einen Tag‹, von dem in der Tora gesprochen wird, folgt der Tag der Nacht. Folgendes trug R. Schim'on b. Zoma vor: Beim Schöpfungswerk [Gottes] heißt es [1. Mose 1,5]: ›ein Tag‹, und beim Gesetz vom Vieh und seinem Jungen heißt es:

›einem Tag‹, Wie der eine Tag, von dem beim Schöpfungswerk gesprochen wird, der Nacht folgte, ebenso folgt der Tag, von dem in der Tora vom Vieh und seinem Jungen gesprochen wird, der Nacht.« Mittels welcher Regel wird hier argumentiert? Ein Muttertier wurde nachmittags geschlachtet: Wann darf dann sein Junges ebenfalls geschlachtet werden? - R. Jischma'els 13. *Midda* lautet: »Zwei Schriftverse widersprechen einander, bis der dritte Vers hinzutritt und zwischen ihnen entscheidet.« Versuchen Sie auf rabbinische Weise die Diskrepanz zwischen den Angaben in 2. Mose 13,6 und 5. Mose 16,8 aufzulösen durch Hinzuziehung der Stelle 3. Mose 23,14f. (Hilfestellung: Die Schwinggarbe war die Menge des neuen Getreides (Gerste), die der Bauer jährlich als Dankopfer am Tempel abliefern mußte. Sabbat hat hier die Spezialbedeutung: erster Tag des siebentägigen Passa-Festes)!

20. Kritisches: Muß man die Tora ins Gegenteil verkehren?

Ein Zaun verfehlt dann seinen Zweck, wenn er überhaupt keinen Zugang mehr zu dem von ihm begrenzten und geschützten Gebiet läßt. Übertragen: Es besteht die Gefahr, daß die Schrift von dem an Dichte zunehmenden Rankenwerk der mündlichen Tora überlagert und erdrückt wird, daß der angeschwollene Traditionsstoff sich tatsächlich zu seiner biblischen Grundlage wie der Kopf zu einem Haar verhält, wenn mit einem Mal die Höhe des Zaunes als Maßstab für die Treue zur Tora gilt. Oft kann man sich des Eindrucks nicht erwehren, als handele es sich um zwei verschiedene *Torot* (Mehrzahl von *Tora*), nicht bloß um die beiden Seiten der einen Tora. Eine Haggada greift dieses Problem auf (b Schab 31a): »Es geschah einmal, daß ein Nichtjude zu Schammai kam und zu ihm sprach: Wie viele *Torot* habt ihr? Jener erwiderte: Zwei, eine schriftliche und eine mündliche Tora. Er (der Nichtjude) sagte: Die geschriebene glaube ich dir, aber die mündliche nehme ich dir nicht ab. Mache mich zum Proselyten unter der Bedingung, daß du mich [nur] die schriftliche Tora lehrst! Da schrie jener ihn an und entfernte ihn mit einem

Verweis. Er kam vor Hillel, und der machte ihn zum Proselyten. Am ersten Tag lehrte er ihn: *Alef - Bet - Gimel - Dalet* (d. h. die ersten vier Buchstaben des hebräischen Alphabets). Am folgenden Tag lehrte er ihn [genau die] umgekehrt[e Reihenfolge], worauf jener zu ihm sagte: Aber gestern hast du es mich doch nicht so gelehrt! Er (Hillel) erwiderte: Hast du dich nicht da auf mich verlassen? Darum verlasse dich auch [jetzt] auf mich, was die mündliche [Tora] anbelangt!« Diese Anekdote bringt zum Ausdruck, daß die mündliche Tora nicht selten in krassem Widerspruch zur schriftlichen steht.

Rabbinen berufen sich dazu gern auf das Psalmwort »Zeit ist es für den Herrn zu handeln; sie haben deine Tora ins Gegenteil verkehrt« (119,126), das sie wie folgt verstehen: »Sie haben deine Tora [bewußt] übertreten, weil es Zeit ist, für den Herrn zu handeln« (M Ber IX 5), d. h. man muß sogar im Einsatz für Gott die Tora umkehren. Um sie zu erhalten, sind punktuelle Abweichungen erlaubt. »Es ist besser, daß ein Buchstabe der Tora aufgehoben wird, als daß in Israel die ganze Tora vergessen wird.« (b Tem 14b) »Manchmal ist gerade die Annullierung der Tora ihre Fundierung.« (b Men 99a/b)

Recht schnell kann aus dem heilsamen Zaun um die Tora eine Last werden. Sagt einerseits R. Jischma'el: »Die Tora redet in der Sprache der Menschenkinder« (Sifre Num 15,31, § 112), so ist demgegenüber sein Kollege R. Akiba dafür bekannt, daß er »über jedes einzelne Strichlein [der Tora] ganze Berge von *Halachot*« abzuleiten versteht (b Men 29b). Man nennt dies - nach dem hebräischen Wort *Pilpul*, »Pfeffer« - einen pilpulistischen, äußerst scharfsinnigen Umgang mit der Tora. Akiba achtet auf Füllwörter wie »auch«, »sogar«, »jedoch«, »nur« und mißt ihnen einen Hintersinn bei. Wenn es z. B. betontermaßen heißt: »*den* Herrn, deinen Gott, sollst du fürchten« (5. Mose 6,13), schließt er hieraus, daß auch die Rabbinen in diese Verehrung miteinbezogen werden müssen (b Pes 22b). Dem Satz: »Meine Sabbate *jedoch* sollt ihr halten« (2. Mose 31,13) entnimmt er, daß die Sabbatbeachtung nicht gilt im Falle von Lebensgefahr (b Joma 85b). Überschüssige Wörter und Floskeln sind ebenfalls wichtig zu nehmen. Die Mischna fragt: »Woher ist für ein Schiff beweisbar, daß es rein ist?« Antwort: »Es heißt [Sprüche 30,19]: ›... der Weg des Schiffes mitten im Meer.‹« (M Schab IX 2) Die Gemara bezieht sich auf das unnötige »mitten im Meer«: »Da sich selbstverständlich ein Schiff mitten im Meer befindet, so lehrt er (R. Akiba) uns vielmehr folgendes: Wie das Meer ein reines Meer ist, so ist auch ein Schiff ein reines ... Weshalb sagten sie (die Rabbanan), ein Jordanboot sei unrein? Weil man es auf dem Land verlädt und erst hernach ins Wasser läßt.« (b Schab 83b) Es gilt: »Jeder Abschnitt, der vorgetragen und dann wiederholt wird, wird nur wiederholt, weil [aufgrund der Wiederholung] etwas Neues gelehrt wird.« (b Sot 3a) Bekanntlich hat jeder hebräische Buchstabe einen bestimmten Zahlenwert: Das *Alef* entspricht der Eins, *Bet* der Zwei usw. Die Gesamtzahl eines Wortes besitzt darum große Aussagekraft. Beispiele: Der Talmud widerspricht der biblischen Angabe, Abram habe 318 seiner Knechte als Krieger aufgeboten (1. Mose 14,14). Vielmehr sei Abram nur mit seinem Knecht Eli'ezer (1. Mose 15,2) aufgebrochen. Warum? »R. Ami b. Abba sagte: Eli'ezer wog sie alle auf. Manche sagen: Es war tatsächlich nur Eli'ezer, dessen Zahlenwert (318) soviel beträgt.« (b Ned 32a) Weshalb hat der Satan an einem Tag des Jahres - nämlich am Großen Versöhnungstag - keine Gewalt über die Menschen? Weil der Name *ha-Schatan* nur die Zahl 364 ergibt (b Ned 32b). Wie viele Welten wird jeder Gerechte einst von Gott erhalten? Antwort nach Sprüche 8,21: »... daß ich denen, die mich lieben, Seiendes [zum Besitz] gebe.« (M Uk III 12) Das hebräische Wort für »Seiendes« ergibt die Zahl 310. Ferner kann jeder einzelne Buchstabe eines Wortes auch als Abkürzung für ein anderes Wort angesehen werden. Längere Wörter lassen sich in zwei kürzere zerlegen. Durch Buchstabenumstellungen ergeben sich neue Begriffe. Beispiel: Aus *Karmel*, »frische Frucht«, entnimmt man das Wortpaar *rak* und *mal*, »zart und zerbrechlich« (b Men 66b).

Der eigentliche Sinn der Tora kann durch solchen Umgang mit ihr verstellt oder entstellt werden. Schwerer wiegt dabei noch die Autorität des jeweiligen Lehrers. Läßt sich für eine Halacha beim besten Willen keine biblische Basis aufspüren, findet die Formel »[Dies ist] eine Halacha an Mose vom Sinai« Anwendung. Als R.

Akiba eine heikle ehegesetzliche Frage spontan entscheidet, wundern sich seine Schüler. Er zu ihnen: »Was ist euch da unbegreiflich? Wie die ganze Tora eine Halacha an Mose vom Berg Sinai ist, so ist auch [diese Entscheidung] eine Halacha an Mose vom Sinai.« (b Nid 45a) Akiba sieht sich selbst an Moses Stelle am Sinai stehend. Jedwedem weiteren Einwand gegen seine Entscheidung ist deshalb der Boden entzogen. Letztlich kann niemand aus den Worten der Tora eine richtige Lehre entnehmen, sondern hat der Erklärung der autorisierten Rabbinen Gehorsam zu leisten, die den Status göttlicher Offenbarung besitzt.

Der rabbinische Schutzzaun um die Tora muß nicht selten mit einem weiteren Zaun umgeben werden, der die drohende Umkehrung der Tora durch den ersten korrigiert. Er dient entweder der Verschärfung bzw. der Erleichterung. Je zwei Beispiele: Um ja keine Übertretung zu provozieren, wird von den Rabbinen die Anordnung getroffen, Gesäuertes am Rüsttag des Passa-Festes nur bis Mittag zu essen, obwohl der biblische Wortlaut Ungesäuertes erst ab Festbeginn (am Abend) vorschreibt (2. Mose 12,15.19). Damit auch ein eventueller Irrtum in der Uhrzeit ausgeschlossen wird, erlaubt R. Me'ir Gesäuertes nur noch bis zur fünften Stunde (nach Sonnenaufgang; d. h. bis 11 Uhr), R. Jehuda gar bloß bis einschließlich der vierten Stunde (bis 10 Uhr morgens) (M Pes I 4). - Das biblische Längenmaß einer Elle (52 cm) wird von den Rabbinen um eine halbe Fingerbreite größer angesetzt: Es soll eher zu weit als zu knapp ausfallen (M Kel XVII 9). Eine Erleichterung einer Torabestimmung stellt hingegen die rabbinische Verminderung der Prügelstrafe auf 39 statt 40 Schläge (5. Mose 25,2f.) dar; lieber einen weniger als irrtümlich einen zuviel und damit die Tora übertreten (M Mak III 10). Das von den Rabbinen aufgestellte Schreibverbot am Sabbat gilt nur für Schreiben auf normale Weise, jedoch nicht für Schreiben mit umgedrehter Hand, mit dem Fuß, Mund oder Ellbogen (M Schab XII 4), - eine teilweise Rücknahme der zunächst uneingeschränkt gültigen Halacha.

Schon die Talmudweisen unterscheiden darum scharf zwischen *Halachot* aus der Tora (Aramäisch: *mi-de-Oraita*) und von den

Rabbinen (*mi-de-Rabbanan*). Letztere sind spätere Neuerungen, die bestehende Lücken in der Gesetzgebung schließen oder Bestimmungen neuen Lebensbedingungen anpassen sollen. Sie werden bewußt als sekundäre Gesetzgebung gegenüber der primären, ewigen der Tora angesehen. Praktische Konsequenz: »[Im Zweifelsfalle] richte man sich bei [Gesetzen] der Tora nach dem Erschwerenden; bei [Gesetzen] der Schriftgelehrten richte man sich nach dem Erleichternden.« (b AZ 7a) Man unterscheidet zwei Arten jener rabbinischen Anordnungen:
- *Takkanot*, »Verbesserungen«, »Regulierungen«: meist positiv gefaßte *Halachot* ;
- *Gezerot*, »Erlasse«, »Entscheidungen«: meist negativ gefaßte *Halachot*, restriktive Gesetze, Verbote.

Beide werden als vorsorgende Einrichtungen »um des Erhaltes der Welt willen«, im besonderen um ein religiöses Leben ohne Tempel und in wirtschaftlich schwierigen Tagen führen zu können, angesehen, - Reaktion auf das Diktat der Notwendigkeit, - Eventualitäten vorbeugende Verfügungen. Der Ermessensspielraum bei diesen »Nachbesserungen der Tora« ist natürlich recht weit gefaßt.

Schon Josua soll zehn Verordnungen getroffen haben, z. B. »daß man [das Vieh in fremden] Wäldern weiden darf, ... daß die Bürger der Stadt aus einer neu entspringenden Quelle schöpfen dürfen, ... daß man wegen der Unebenheit der Wege auf den Seiten der Wege [im Privatbereich] gehen darf«. (b BK 81a) Der Schriftgelehrte Esra steht ihm zahlenmäßig nicht nach, z. B. »daß man am zweiten und fünften Wochentag [im Morgengottesdienst] aus der Schrift vorliest, daß man [ebenfalls] am zweiten und fünften Wochentag Gerichtssitzung hält«. (b BK 82a) In rabbinischen Tagen heißt es: »Dies sind die Dinge, die [in der Tora noch] kein gesetzlich vorgeschriebenes Maß haben [weshalb man eines festsetzen muß]: Die [Größe der] Ecke des Feldes (vgl. 3. Mose 23,22), ... das Erscheinen [am Tempel anläßlich der drei jährlichen Wallfahrtsfeste], die Wohltätigkeit und das Torastudium.« (M Pea I 1) Die Neukonsolidierung jüdischen Lebens und Glaubens nach dem Jahr 70 spiegeln die *Takkanot* des Lehrhauses in Jabne wieder: »Wenn das Fest des Neujahrs auf

einen Sabbat fiel, blies man [das Schofarhorn] im Tempel, nicht aber in der Provinz. Nachdem der Tempel zerstört worden war, ordnete R. Jochanan b. Zakkai an, in jedem Ort zu blasen, wo sich ein Gerichtshof befindet ... Anfangs wurde der Feststrauß [anläßlich des Laubhüttenfestes] im Tempel alle sieben Tage [bei der Prozession] genommen und in der Provinz [bei der Synagogenprozession] nur einen Tag. Nachdem aber der Tempel zerstört worden war, ordnete R. Jochanan b. Zakkai an, daß der Feststrauß auch in der Provinz alle sieben Tage genommen werde - zur Erinnerung an den Tempel« (M RH IV 1.3). Deutlich ist die Tendenz spürbar, dem einstigen Glaubenszentrum in Jerusalem endgültig den Abschied zu geben. In Jabne sollen übrigens auch alle Bücher und Schriften des Alten Testaments, wie sie uns vorliegen, Ende des 1. Jh. zusammengestellt worden sein.
Als etwa Mitte des 2. Jh. n. Chr. die Arbeit des Sanhedrin in Uscha/Untergaliläa wiederaufgenommen wird, herrscht nach Kriegswirren große Armut im Land. Jene *Takkanot* zeugen davon: »In Uscha ordnete man an, seine unmündigen Söhne und Töchter zu ernähren.« (b Ket 49b) Voraus geht die Diskussion, ob ein Vater zum Unterhalt seiner Tochter genauso verpflichtet ist wie zu dem seines Sohnes. Ferner: »In Uscha ordnete man an: Wer verschwenderisch spendet (Almosen gibt), verschwende nicht mehr als ein Fünftel, damit er nicht selber der Menschen bedürftig werde.« (b Ket 50a) Auch aus nachtalmudischer Zeit finden sich selbstverständlich *Takkanot* und *Gezerot*. Federführend sind die *Geonim* mit ihren Erlässen zum Schuld-, Sachen- oder Familienrecht. Doch seit dem Ende der Gaonen-Epoche gibt es kein einheitliches jüdisches Zentrum mehr. Regional bedeutende Lehrhäuser in Westeuropa oder Nordafrika und Einzelgemeinden können fortan nur noch eine lokale Gesetzgebung ausüben. Wenn Rabbenu Gerschom aus Mainz um 1000 n. Chr. das Verbot der Polygamie oder das der Scheidung gegen den Willen der Frau ausspricht, so bedeutet dies eine Anpassung an die gegebenen gesellschaftlichen Verhältnisse im Westen, während es aber bis heute nicht in einigen großen jüdischen Gemeinden im Osten übernommen worden ist. Im Staat Israel leiten gleich zwei Oberrabbiner nebeneinander das Oberrabbinat: Einer

ist für die sefardischen Juden aus dem spanisch-islamischen Kulturbereich, der andere für die aschkenasischen Juden aus dem europäischen Raum Ansprechpartner in halachischen Fragen.
Neben diesen tora-unabhängigen Entscheidungen ist es den Gelehrten auch möglich, Verbote über Handlungen, die die Tora erlaubt, auszusprechen. Hingegen streiten sie darüber, ob es umgekehrt möglich ist, von der Tora verbotene Handlungen zu erlauben. Beispiel hierfür ist die auf Hillel zurückgehende *Prosbul* -Verordnung: Laut Tora (5. Mose 15) ist jedes siebente Jahr ein sogenanntes Erlaßjahr, wo alle Schulden, die man in den Jahren zuvor gemacht hat, verfallen. Schon die Bibel weiß aber um die Problematik, daß nämlich keiner gern noch ein Darlehen im sechsten Jahr gewährt, was wiederum die weitere Verarmung der Armen zur Folge hat (15,7-11). Hillel entwirft darum einen neuen Modus - griechisch *Prosbul* , »vor Gericht«, genannt -, der einem Gläubiger auch noch nach Eintritt jenes Schuldenerlaßjahres die Eintreibung seiner Forderung ermöglicht, indem er diese in die Zuständigkeit des Gerichtes legt (M Schebi X 3ff.). Die unsozialen Folgen der Tora-Weisung werden dadurch vermieden. Der Talmud muß demnach ausführlich die Frage diskutieren: »Ist denn so etwas möglich, daß nach der Tora das siebente Jahr die Schuld erläßt, daß aber Hillel angeordnet hat, daß es [sie] nicht erläßt?« (b Git 36 a)
Um noch einmal an die Gefahr des Zaunes um die Tora zu erinnern: an die drohende Verabsolutierung rabbinischer Entscheidung und Tora-Auslegung! Vielleicht sind die gern zitierten Kurzformeln bereits Versuche, das eine Eigendynamik entwikkelnde Tora-Gebäude auf sein Fundament zurückzubeziehen. Hillel: »Was dir verhaßt ist, das tue auch deinem Nächsten nicht! Das ist die ganze Tora.« (b Schab 31a) Jesus: »Der Sabbat ist um des Menschen willen geworden und nicht der Mensch um des Sabbats willen.« (Markus 2,27) Eine Haggada verrät, wie Mose wohl dieses »Tora-Hochhaus« mit seinen vielen Stockwerken beurteilen würde: Gott führt ihn in einer Vision in das Lehrhaus des genialen R. Akiba, wo er sich hinter die achte Schülerreihe setzt. »Er verstand aber nicht, was sie sagten.« Trotzdem hört er zu, und die Schüler fragen Akiba: »Meister, woher hast du das

(diese Lehre)?« Antwort: »Es ist dies eine Halacha an Mose vom Sinai.« Punktum. Da erst beruhigt sich Mose und sagt tadelnd zu Gott: »Einen solchen [gelehrten] Menschen wie diesen hast du, [dennoch] gibst du die Tora durch mich!« (b Men 29b)

Aufgabe: Ein Zahlenbeispiel: »R. Ami b. Abba sagte: Im Alter von drei Jahren erkannte Abraham [schon] seinen Schöpfer, denn es heißt [1. Mose 26,5]: ›weil Abraham auf meine Stimme hörte‹, und der Zahlenwert [des Wortes ›weil‹] beträgt 172.« (b Ned 32a) Warum aber drei Jahre? Lesen Sie dazu 1. Mose 25,7f.! - Erklären Sie folgenden Fall: »Es wird gelehrt: R. Eli'ezer b. Ja'akob sagte: Ich hörte, daß das Gericht auch ohne Vorschrift der Tora [befugt sei], Geißelung und [Todes-]Strafe zu verhängen, und nicht etwa [deshalb], um die Worte der Tora zu überschreiten, sondern um einen Zaun um die Tora zu errichten. Einst ritt jemand zur Zeit der griechischen [Oberherrschaft] auf einem Pferd am Sabbat. Da brachte man ihn vor Gericht und steinigte ihn. Nicht etwa, weil er es verdient hatte, sondern weil es die Zeit (wörtlich: Stunde) erforderte.« (b Sanh 46a)

21. Vom Sabbat-Fahrstuhl zur Roten Kuh: Talmud heute

Der Talmud will eine Brücke schlagen zwischen der alten jüdischen Welt und der modernen Zeit. In ihm bilden Religion und Welt eine untrennbare Einheit; er beansprucht, die Grundlage für das gesamte jüdische Recht zu sein. Doch die talmudtreuen Gemeinden Osteuropas sind im Holocaust untergegangen. Die alten Hochschulen und Rabbinerseminare in Berlin und Breslau existieren nicht mehr. In Deutschland selbst spricht man von »Einheitsgemeinden«, weil unterschiedliche Richtungen in einer Gemeinde zusammengeschlossen sind und sich gegenseitig hemmen. Die Hochschule für Jüdische Studien in Heidelberg zählt mehr christliche als jüdische Studenten. Säkularisation greift auch in Israel in starkem Maße um sich. Das Reformjudentum - »fortschreitender Rabbinismus« genannt - ist auf dem

Vormarsch. Andererseits existiert noch die klassische Jeschiwa (*Jeschiba* , »Lehrhaus«) mit Talmudstudium um des Studiums willen. Etwa 20.000 Studenten lernen in Jerusalem, dem Weltzentrum für jüdische religiöse Studien. Aber auch die einstigen rabbinischen Hochburgen wie Bene Berak (R. Akiba!) oder Tiberias können über mangelnden Zulauf nicht klagen. Die religiöse Bar-Ilan-Universität in Ramat Gan bei Tel Aviv weist 10.000 Studenten auf. Obwohl allenfalls 14 Prozent der Israeli zum orthodoxen Judentum gehören, finden jüdische Schulen immer mehr unter nichtorthodoxen Jugendlichen Zuspruch, worin sich der Wunsch nach mehr Tora-Kenntnissen ausdrückt. Vor allem Neueinwanderer begrüßen für ihre Kinder die Möglichkeit einer Kombination von weltlicher Erziehung und religiös-zionistischer Lehre. *Erez Chemda* , »angenehmes Land«, nennt sich seit wenigen Jahren ein Institut für Fortgeschrittene Jüdische Studien in Jerusalem, das der fundierten Ausbildung von Rabbinern und Richtern am rabbinischen Gerichtshof dient. Neu ist, daß an jenem Siebenjahresprogramm nur orthodoxe Juden teilnehmen, die sich ganz mit dem Staat Israel identifizieren, dem nationalreligiösen Lager angehören und im Gegensatz zu den Ultra-Orthodoxen ihren Militärdienst absolviert haben. Sie glauben, mittels dieser Verbindung der Welt der Halacha mit der Alltagswelt den spürbaren »Hunger nach der Tora« wirklich stillen zu können. Ähnlich die *Tora we-Aboda-* (Tora und Arbeit-)Bewegung, die trotz religiöser Observanz offen ist für weltliche Belange, was Ultra-Orthodoxe ablehnen: Wer sich über das Tora-Studium hinaus mit anderen Dingen beschäftige, verschwende seine Zeit. Doch verweist jene Bewegung auf das Vorbild von Rabban Schim'on b. Gamli'el (II.): »1.000 Kinder (Schüler) waren im [Lehr-]Haus meines Vaters: 500 lernten [nur] Tora und 500 lernten [darüber hinaus] griechische Weisheit.« (b Sot 49b)

Gerade der moderne Staat Israel sorgt für viele Kollisionen mit rabbinischen Autoritäten. Wie läßt sich auch die Wirklichkeit einer Demokratie in Verbindung bringen mit dem Ideal einer Theokratie (Gottesherrschaft)! Daß Israel kein Grundgesetz kennt, beruht auf der rabbinischen Meinung, allein die von ihnen ausgelegte Tora sei Israels Grundgesetz. Religion ist für sie alles andere als eine Privatsache. Streitfragen entstehen darum hinsichtlich der strikten Befolgung der rituellen Speisegesetze (koscheres Essen!), landesweiten Sabbatruhe, im Blick auf die Stellung der Frau, auf die Existenzberechtigung dieses durch Menschen, nicht durch den Messias geschaffenen Staates, ja überhaupt über die Definition: »Wer ist Jude?« Muß man dazu von einer jüdischen Mutter abstammen oder nach streng halachischen Vorschriften übergetreten sein? Darf man zwischen jüdischer Religions- und Volkszugehörigkeit unterscheiden? Für Personenstandsangelegenheiten - d. h. Eheschließung, Scheidung, Regelung von Unterhaltsansprüchen und Nachlässen - sind grundsätzlich Rabbinergerichte zuständig. Der religiöse Gerichtshof folgt in seiner Rechtsprechung der göttlichen Tora, sieht sein Recht dem profanen übergeordnet und beansprucht für dieses unbegrenzte Geltung. Jene interne Gerichtsbarkeit bietet freilich für religionslose Menschen, liberale Juden und für Paare mit nichtjüdischen Partnern keine Rechtssicherheit. Nicht jeder Jude heute will ein derartig rabbinisch reglementiertes Leben führen. Ein Kulturkampf, gefährlicher als der israelisch-arabische Konflikt, scheint vorprogrammiert. Ginge es strikt nach der Halacha, würde es in Israel beispielsweise keine »gemischten« Schwimmbäder geben, kein Fernsehen, keine Reklame-Poster mit Frauenfotos, keinen Militärdienst für Frauen, keine archäologischen Ausgrabungen, am Sabbat keinerlei Verkehr, Kino- oder Sportveranstaltungen; selbst über die Einführung der Sommerzeit oder über die Zulässigkeit von Organtransplantation wird gestritten. Warum dies alles? Orthodoxe antworten: Um des Himmels willen und um das Kommen des Messias zu beschleunigen.

Würde man andererseits die alten Traditionen über Bord werfen, bestünde die Gefahr, daß jeder das Recht nach persönlichem Gutdünken deutet. So legt das Reformjudentum Nachdruck auf die individuelle Entscheidung; z. B. fragt es betreffs Sabbatheiligung nicht: Was ist für mich durch die Tradition an diesem Feiertag erlaubt oder verboten?, sondern: Was bedeutet für mich persönlich dieser Tag? Läßt er Dinge wie Autofahren, Gartenarbeiten, Radiohören oder Rauchen zu? Sehr schnell wandelt sich der Sabbat dann zu einem freien Tag moderner Prägung, vergleichbar dem Sonntag im negativen Sinne. Doch wäre damit aus orthodox-jüdischer Sicht wieder auf ein Stück Judentum Verzicht geleistet worden. Ähnlich sind die feministischen Aufbrüche im Reformjudentum und im konservativen Judentum zu beurteilen: Seit den siebziger Jahren amtieren in den USA weibliche Rabbiner und Kantoren; Frauen sitzen in Synagogen nicht mehr getrennt, werden zur Zehnzahl (*Minjan*) gerechnet, zur Tora-Lesung aufgerufen und tragen auch den Gebetsschal. Betreffs Scheidungsrecht hat die Reformbewegung den Scheidebrief abgeschafft und die Zivilscheidung als verbindlich anerkannt. Doch ergibt sich daraus ein neues Problem: Eine nur zivil geschiedene Frau kann nicht von einem konservativen oder orthodoxen Rabbiner bei Eingehen einer neuen Ehe getraut werden. Überhaupt: »In Amerika stehen Millionengebäude der mittelständischen Reformgemeinden 362 Tage im Jahr leer. Wer etwas sucht und finden will, beteiligt sich an den neuen Experimenten auf alter Basis ... Aber leider kamen viele nie zum Suchen, weil der intellektuelle Anreiz des Talmudstudiums ersatzlos gestrichen war, und man ja gelernt hatte, daß jüdische und allgemeine Ethik zusammenfallen. Wozu noch weiter fragen?« (Pnina Navè-Levinson: Die jüdische Frau) Wer mit den talmudischen Richtlinien und den in Jahrtausenden gewachsenen Bräuchen brechen zu müssen glaubt, tastet letztlich das Wesen des Judentums überhaupt an. Soll man denn fremdes Erbe übernehmen?

Wo sind heute die maßgeblichen Autoritäten des Judentums zu suchen? Früher waren es der Sanhedrin, die *Geonim* oder einflußreiche Rabbinen des Mittelalters. Nur wenige Gelehrte besitzen aber heute die Fähigkeit, einer Halacha zu allgemeiner Anerkennung zu verhelfen. Es fehlt eine zentrale, von allen anerkannte Instanz von Tora-Weisen, deren Verlautbarungen weltweit und in den verschiedenen Lagern akzeptiert würden.

Wie geht man vor, wenn man eine konkrete Entscheidung für ein noch ungelöstes Rechtsproblem fällen will? Man beginnt nicht etwa mit der Suche in der Mischna (oder gar in der Tora selbst), sondern tastet sich von ähnlichen Entscheidungen der Gegenwart auf dem Weg der ununterbrochenen, lebendigen Tradition über die neuzeitlichen rabbinischen Lehrer (die *Acharonim* , »Späteren«, ab dem 16. Jh.) und mittelalterlichen Rabbinen (die *Rischonim* , »Früheren«, ab Mitte des 11. Jh.) zu den *Geonim* (ab dem 7. Jh.), schließlich zum Talmud zurück. Mittelalter und Neuzeit haben eine Fülle von Weiterkommentierungen hervorgebracht, die augenfällig dokumentieren, daß der Talmud noch keine letztverbindlichen Entscheidungen fällt. Erst jetzt entstehen Kompendien, die den Stoff systematisch bearbeiten und zur verpflichtenden Lehre - vergleichbar christlicher Dogmatik - erheben:

- *Peruschim* , »Erklärungen«, sei es schwieriger Wörter oder ganzer Diskussionen zu bestimmten Themen. Beispiel: der Raschi-Kommentar.
- *Chiduschim* , »Erneuerungen«, »Verbesserungen« bestehender *Halachot* . Beispiel: die Sammlungen der Tosafisten
- die Kompendien/Kodizes der *Posekim* , »Entscheider«, »Schiedsrichter«; sie sammelten, gliederten und strafften die *Halachot* , weshalb ihr Werk bis in die Gegenwart populär und unverzichtbar ist. Beispiele: *Mischne Tora* , »Wiederholung der Tora«, des Moses Maimonides (2. Hälfte des 12. Jh.) mit der angedeuteten Vier-Teilung der 14 Bücher in: (1) Verhalten des Menschen vor Gott, (2) Lebensphasen des Menschen (Familie/Feste), (3) Gesetze, die Israel betreffen, (4) Zivil-/Strafrecht. - *Arba'a Turim* , »vier Reihen/Teile«, von R. Ja'akob b. Ascher (Anfang des 14. Jh.) mit der Vier-Teilung: (1) Gesetze für Alltag und Festtage, (2) Speise- und Ritualbestimmungen, (3) Ehe- und Familiengesetze, (4) Zivil-/Strafrecht; dieses Werk wurde Ausgangsbasis für den Standardkodex der *Schulchan Aruch* , »gedeckter Tisch«, von R. Josef Karo (1554), in seiner Kurzfassung *Kizzur Schulchan Aruch* eines der weitestverbreiteten jüdischen Bücher.
- *Schot,* Abkürzung für: *Sche'elot u-Teschubot* , »Fragen und Antworten«, die Literaturgattung der *Responsen* , »Antworten«: Seit gaonäischer Zeit existieren allein 2500 verschiedene gedruckte Sammlungen von an Halacha-Gelehrte gerichteten Anfragen und Lösungsvorschlägen samt den Antworten mit Schluß-

folgerungen. In unseren Tagen werden neue Responsen in rabbinischen Zeitschriften veröffentlicht.

- Monographien (wissenschaftliche Einzeldarstellungen) etwa zur Problematik des Schächtens, der Organtransplantation oder der Speisegebote.

Der Prozeß der Urteils- und Halacha-Bildung gleicht demnach graphisch einer umgekehrten Pyramide, da er von einem zu bewältigenden breiten Materialspektrum ausgeht, sich aber dann immer mehr zuspitzt, bis er auf den Grund des Problems stößt und vielleicht gar eine Tora-Anbindung findet.

Nun einige willkürlich gewählte Beispiele zu den sechs Ordnungen des Talmuds, die seine Aktualität unterstreichen:

Zum Seder *Mo'ed* noch einmal die Sabbat-Thematik: Zur verbotenen Arbeit »Feuermachen« ist natürlich das Autofahren (Zündung betätigen) zu rechnen. Wie aber steht es mit der Fahrstuhlbenutzung? Es gibt den sogenannten »Sabbat-Aufzug«, der - ohne daß man einen Knopf drücken muß - bei jedem Stockwerk stehenbleibt und dann weiterfährt. Manche Halachisten verbieten auch seine Benutzung, da ja jede zusätzliche Belastung des Aufzugs mehr Strom erfordert. Falls die Betätigung des Aufzuges mittels eines elektronischen Auges erfolgt, ist er auf jeden Fall verboten, da hier Strom zielbewußt in Anspruch genommen wird. Auch wäre das Betreten eines Hauses durch einen automatischen Türeingang nicht erlaubt. Analog dazu ist das Zugfahren am Sabbat verboten. Dadurch daß die Eisenbahn auf den Gleisen, d. h. auf dem Boden rollt, wird darüber hinaus recht schnell die Sabbatgrenze überschritten. Anfrage: Darf man am Sabbat einen Gehbehinderten im Rollstuhl zur Synagoge bringen? Responsum (Antwort): Nein, das Schieben des Rollstuhles würde das Verbot des Tragens überschreiten. Mit derselben Begründung ist übrigens ebenfalls Radfahren untersagt. Paradoxerweise übertreten auch orthodoxe Juden, die Steine auf vorbeifahrende Autos werfen, den Sabbat. Diese Tat - eine Variante des Tragens -, ausgeführt um der Heiligung des Namens Gottes willen und zum Schutze des Sabbats, verletzt ihn trotzdem.

Zum Seder *Naschim* : Wie steht es mit Empfängnisverhütung? Der Mann darf keine diesbezüglichen Maßnahmen (etwa Kondombenutzung) ergreifen, denn der Mehrungsauftrag 1. Mose 1,28 gilt ihm, da die Erschaffung der Frau erst in 1. Mose 2 erzählt wird. Nur die Frau kann schwangerschaftsverhütende Mittel nehmen, wobei die Pille die halachisch am akzeptabelsten eingestufte nicht-natürliche Methode ist. Immer ist zugleich das Gesundheitsrisiko zu berücksichtigen. Daß die Monatsregelberechnung aus halachischer Sicht am wenigsten problematisch ist, braucht nicht extra betont zu werden. Keinesfalls erlaubt ist bleibende Sterilisation mittels Durchtrennung der Eileiter - es sei denn, daß die Geburt eines (weiteren) Kindes das Leben der Frau gefährden könnte. - Ein anderes, bislang unbefriedigend gelöstes Problem: der Fall Ora Sasson. Ihr Mann reiste vor Jahren von Israel in die USA, blieb dort, ließ sich scheiden und verheiratete sich wieder. Sie hat aber bis heute von ihm keinen Scheidebrief ausgehändigt bekommen. Darum gilt sie nach rabbinischem Recht weiter als verheiratet und kann keine neue Beziehung eingehen. Mit ihr zusammen warten schätzungsweise 7.000 bis 10.000 verlassene Frauen (*Agunot*) auf jenes, meist aus finanziellem Interesse vom früheren Mann zurückgehaltene Dokument. Allenfalls kann sie ihn beim Gerichtshof verklagen, aber eine gerichtlich erzwungene Einwilligung des Mannes zur Scheidung wäre halachisch ungültig. Die bisherige Praxis, einen habhaft gemachten, sturen Ehemann einzusperren, bis er »aus eigenem freien Willen« der Scheidung zustimmt, ist sicher nicht die beste. So wirkt sich die biblische Scheidebrief-Institution, die Scheidungen erschweren und außerehelichen Geschlechtsverkehr verhindern will, heute fatal aus.

Zum Seder *Nezikin* einige Responsenbeispiele der letzten Jahrzehnte: Darf ein Jude - etwa im Falle einer Verfolgung - sagen, er sei kein Jude, um damit sein Leben zu retten? Nein. Allenfalls ist es erlaubt, ohne Judenzeichen zu gehen, doch die Verleugnung des Glaubens ist verboten. - Was soll mit Synagogen geschehen, die keine Besucher mehr haben? Sie sollen verkauft und der Gewinn zu religiösen Zwecken verwendet werden. - Darf ein Jude ein Verdienstkreuz oder einen Orden tragen? Ja, da dies aus nicht-kultischen Gründen geschieht. - Darf ein jüdischer Häftling, der keine koscheren Speisen im Gefängnis erhalten kann, nichtkoschere essen? Ja, sie sind auf jeden Fall in kleinen Mengen erlaubt. Müßte der Gefangene beispielsweise sonst auf Fleischgenuß verzichten, könnte seine Gesundheit ernsthaft gefährdet sein. - Darf sich ein Blinder von seinem Hund, der im Judentum als unreines Tier gilt, in die Synagoge führen lassen? Ja, doch soll er in der Nähe des Eingangs Platz nehmen, damit der Hund die übrigen Besucher nicht stört.

Zum Seder *Kodaschim* : Ende Oktober 1989 fühlten sich manche Jerusalemer in biblische Zeit zurückversetzt. Da zog eine seltsame Prozession während des Laubhüttenfestes mit Fahnen, Hörnern und Musikinstrumenten hinunter zum Schiloa-Teich, Jerusalems Wasserreservoir von alters, gefolgt von einem Lastkraftwagen, der einen Steinquader von über drei Tonnen Gewicht transportierte. Feierlich wurde Wasser geschöpft und jener große Block durch einen *Kohen* (Angehöriger eines Priestergeschlechtes), in priesterliches Gewand aus gewebtem Leinen gehüllt, geweiht - als Grundstein des dritten Tempels. Baupläne hegen gewisse jüdische Kreise seit langem. Bestimmte rabbinische Schulen befassen sich nur mit den vernachlässigten Traktaten über den Tempeldienst, also mit der Herstellung von Tempelgerätschaften, dem Weben reinen Leinens für die Priesterbekleidung oder mit der Tieropferpraxis. Man diskutiert ferner, ob es erlaubt sei, im Tempel Klimaanlagen und Stromanschlüsse zu installieren. Jedoch widerspricht dieses Planen deutlich der Halacha, nach der der Tempel gerade nicht durch Sterbliche wiedererrichtet werden wird. Der Messias bzw. Gott selbst wird als sein Erbauer genannt.

Zum Seder *Toharot* : Eng mit dem Tempelbauvorhaben ist die Suche nach der »Roten Kuh« (so der gleichnamige Traktat *Para*) verbunden: Erst kürzlich inspizierte der sefardische Oberrabbiner Israels auf einer Farm wieder einige rote Kühe. Leider befand sich unter ihnen keine von gänzlich makellos rotem Äußeren (vgl. 4. Mose 19). Selbst aus Europa eingeflogene, gefrorene Embryos, in Kühe vom Heiligen Land eingepflanzt, zeitigten noch nicht den ersehnten Erfolg. Nach orthodoxem Glauben ist jedoch die Asche einer solchen mittels Zedern- und Ysopholz verbrannten Jungkuh eine der Voraussetzungen für den Tempelneubau. Die mit Wasser vermischte Asche diente nämlich einst als Reinigungsmittel für das (unreine) Volk. Wer also am neuen Heiligtum arbeiten will, muß zuvor mit jenem Wasser besprengt worden sein. Außerdem soll laut Moses Maimonides im Gefolge der zehnten Roten Kuh der Messias kommen.

Wir sehen, daß der Talmud auch weiterhin Gültigkeit besitzt, sei es für ganz nebensächliche Fragen, etwa wie man einen koscheren - nämlich insekten- und wurmfreien - Salat züchtet, oder für tagespolitische Entscheidungen, etwa für die Mischehen- und Beschneidungsproblematik jüdischer Emigranten aus der Sowjetunion. Eins steht fest: Der Talmud hat bereits tiefere Täler durchschritten und ist dabei eher in seiner Geltung gestärkt als geschwächt worden. Der Trend geht eindeutig hin zur Rückbesinnung auf die alten Werte, ohne die Judesein und Judentum sich nicht definieren lassen. Wer die jüdische Tradition als göttliche Offenbarung ansieht, wird auch heutige rabbinische Autoritäten und Weisungen anerkennen.

Aufgabe: Es fehlen noch aktuelle Anwendungsbeispiele zum Seder *Zera'im*, der sich jüdischem Beten sowie dem Land Israel widmet. Wie würden Sie entscheiden?: Ein Jude macht während einer Reise in einem Hotel Station. In seinem Zimmer entdeckt er ein Kreuz. Kann er hier sein Gebet verrichten? - Nehmen Sie auf rabbinische Weise Stellung zur politischen Diskussion, ob Israel auf die besetzten (palästinensischen) Gebiete um eines Friedensvertrages willen verzichten soll. Lesen Sie dazu 2. Mose 23,31-33; 5. Mose 23,7 und erinnern Sie sich an die im Rahmen der Sabbatthematik angeführte Halacha: »Nichts (kein religiöses Gebot) steht über [dem Prinzip] der Lebensrettung.« (b Joma 82b)

22. »Und wenn sie nicht gestorben sind ...« oder: Fortsetzung folgt

Dieses Schlußkapitel will drei Komponenten des Talmuds herausheben: seine ewige, himmlische und irdische.

- Die Weisen sagen: Alles hat seine Grenzen, sogar Himmel und Erde. Nur die Tora ist grenzenlos. Das heißt, auch der Talmud besitzt Ewigkeitswert; er steht jenseits von Zeit und Raum. Während Altes und Neues Testament im Laufe ihres Wachstumsprozesses zu einer klaren Abgrenzung von anderen zeitgleichen Schriften gebracht wurden und längst als eine nicht mehr erweiterungsfähige Einheit vorliegen, läßt sich dies allenfalls noch von der Mischna aussagen. Für Talmudlektüre hingegen gilt immer der Ausdruck »Fortsetzung folgt«! Sätze in der Verlaufs- oder Gegenwartsform, etwa: »Rabbi N. sagt ...«, drücken aus, daß es sich nicht um eine überholte Meinung aus ferner Vergangenheit, sondern um eine zeitlose Äußerung handelt. Die Gegenwart verdrängt nicht einfach Vergangenes; vielmehr bilden beide eine Einheit. Wer sich heute mit einem Talmudstück beschäftigt, sitzt wirklich - wie einst Mose - in einer Diskussionsrunde mit Rabbi Akiba oder Rab. Er muß ihnen Rede und Antwort stehen und legt ihnen seine neuen Fragen vor. Die Rabbinen leben wirklich weiter, weil sie durch ihre uns hinterlassenen Worte unsterblich sind. Oft mutet anachronistisch an, daß zwei gar nicht im selben Jahrhundert lebende Rabbinen miteinander debattieren: Ihrer beider Anliegen hebt Zeitkategorien auf.

Will der Talmud den Herausforderungen der Gegenwart und Zukunft Rechnung tragen, muß er notwendigerweise offen, erweiterungsfähig sein für Neuinterpretation und neue Anwendungsbereiche. Er muß ein lebendiger Organismus bleiben; statisches Denken würde seinen Untergang bedeuten. Im Bild eines alten Baumes ausgedrückt: Seine Form - Stämme und Äste - ist in vielen Jahrhunderten herangewachsen, gibt ihm ein unverwechselbares, unveränderliches Aussehen, - zumindest aus der Ferne betrachtet. Doch bilden sich von Jahr zu Jahr neue Zweige und Blätter, die man erst aus der Nähe entdeckt. Will sagen, der Talmud wächst weiter; niemand bekommt ihn ganz in den Griff.

Es gilt die Regel, daß zehnfaches Studieren eines Passus gut, aber elffaches besser ist, doch daß auch hundertfaches Wiederholen noch kein erschöpfendes Verstehen bedeutet, wie folgende Haggada illustriert: Bar He He und Hillel erörtern den Unterschied zwischen einem Frommen und einem Gottlosen. »Bar He He: Frommer meint ja den, der Gott dient, und Gottloser meint den, der ihm nicht dient. Jener (Hillel) antwortete: Der ihm dient und der ihm nicht dient, können beide fromm sein. Wer nämlich einen [Talmud-]Abschnitt hundertmal wiederholt, ist nicht mit dem zu vergleichen, der seinen Abschnitt 101mal wiederholt. Darauf er (Bar He He): Sollte er wegen dieses einen Mals einer, der ihm (Gott) nicht dient, heißen? Jener erwiderte: Geh und lerne davon im Markt der Eselstreiber: Zehn Parasangen (persisches Wegemaß: Dreiviertelmeile) um einen Zuz (Silbermünze), [ab] elf Parasangen [jedoch] um zwei Zuz [Transportgebühr].« (b Chag 9b)
Wie der Talmud eine Zeitrelation vermissen läßt, daß also eine Frage ihre Antwort erst später - z. B. durch Raschi - erhält oder daß zwar die Antwort bereits vorliegt, doch als solche erst von einem Rabbiner von heute erkannt wird, so läßt sich der Talmud auch räumlich nicht begrenzen, was unsere Talmudblatt-Betrachtung bewies. Pumbedita ist nicht die einzig maßgebliche Adresse. Wer den Talmud studiert, sieht sich mit den Meinungen von Nordafrikanern, Franzosen oder Polen konfrontiert. Er begegnet einem national entschränkten, kosmopolitischen Werk, dessen Herzstück und Haftpunkt nichtsdestotrotz die Heilige Stadt bleibt. Der Talmud ist deshalb ewig, weil er Gottes ewige Offenbarung weiterentfaltet. Der Talmud steht anstelle des Tempels; er ist ein transportables Heiligtum. Wieder bildlich umschrieben: Als Gott die Tora gab, öffnete er nicht bloß kurz ein Fenster, um sie herauszureichen. Sondern die Tora selbst ist das offene Fenster und stellt, wenn wir sie studieren, die Verbindung zu Gott her. Dieser Dialog erfolgt zwar in der Zeit, hebt sie aber zugleich auf. Die Stimme vom Sinai trifft den, der sie hören will, jeden Tag neu. Deshalb lassen Rabbinen keine Sekunde vom Tora-Studium ab: Der tiefgläubige Beter »sinnt« über Gottes Tora »Tag und Nacht«, ja steht extra um Mitternacht auf, um »dir

zu danken für die Ordnungen deiner Gerechtigkeit«. (Psalm 1,2; 119,62)

- Wie die schriftliche hält auch die mündliche Tora die Verbindung zwischen Himmel und Erde aufrecht. Zwar steht sie niemals an Gottes Stelle, ist aber ein Stück Schöpfungsmaterie, ein Welt und Leben schützender und erhaltender Teil. Wir mögen manchmal gelächelt oder gar herzhaft gelacht haben über die Streitigkeiten zwischen der Schammai- und Hillel-Schule »um des Kaisers Bart«. Doch ging es beiden einzig und allein um die Durchsetzung der Herrschaft Gottes im Leben der Menschen. Beide stimmten darin überein, daß der Buchstabe der Tora minuziös zu erfüllen sei. Wenn sie z. B. über 13 Seiten lang um die Eßbarkeit eines am Sabbat oder Festtag gelegten Eies diskutierten, dann deshalb, um das gesamte Leben im Sinne Gottes zu heiligen. Als Rabbinen besaßen sie Autorität, aber auch eine immense Verantwortung. Deshalb geht es nicht an, die eine Ansicht gegenüber der anderen abzuwerten. Nicht der Grundtenor beider Schulen war verschieden, sondern nur ihre Ansicht über die Ausführungsbestimmungen, über die Konkretion der Tora im Leben. Ihre Debatten, die uns erhalten geblieben sind, zeigen gerade dieses Ringen nach Wahrheit und letzter Sicherheit. Keine der Schulen kann als Gewinner oder Verlierer in der Sache um Gott angesehen werden.

Darum ist die Mehrdeutigkeit und Gegensätzlichkeit vieler Aussagen zu akzeptieren. Wir finden beispielsweise nebeneinander eine heidenkritische und eine universal menschenfreundliche Einstellung oder: eine frauenkritische und eine fast feministisch zu nennende Sicht. Einseitige Akzentuierung widerspräche talmudischem Geist. Er bleibt sich dessen bewußt, daß er nie die volle Wahrheit wird ergründen können, weil sie allein Gott vorbehalten ist. Der Mensch - auch in seinem redlichsten Bemühen - bleibt auf der Suche nach ihr begriffen, steht immer zwischen zwei konträren Polen. Selbst wenn schließlich die eine Meinung abgelehnt wird, wird sie aber notiert, womit man ihr eben doch ein hohes Maß an Wahrheitsgehalt bescheinigt. Wenn es um Dinge des Himmels geht, ist Toleranz auf der Erde gefordert. »Weshalb werden die Worte Schammais und Hillels unnötig angeführt [obwohl die Halacha in diesem Fall weder nach dem einen noch nach dem anderen ist]? Um die kommenden Generationen zu lehren, daß niemand auf seinen Worten beharre, denn auch die Väter der Welt (d. h. Hillel und Schammai) beharrten nicht auf ihren Worten.« (M Ed I 4)

- Zaun um die Tora: Das Wort »Zaun« weckt bei uns sofort eine negative Vorstellung von Einengung, Gängelung; auf den Talmud bezogen: Gesetzlichkeit. Dafür gibt es tatsächlich Beispiele in vielen halachischen Partien. Es wäre eine falsch verstandene Verteidigungshaltung, »wenn man versucht, den legalistischen Charakter der Tora und der Halacha überhaupt wegzuleugnen« (Ernst Ludwig Ehrlich: Tora im Judentum). Eine Gesellschaft würde im Chaos enden, würden ihr nicht durch Recht und Gesetz Dämme geschaffen. Aber dies ist nur die eine Seite der Medaille. Der Zaun ist nicht nur Gesetz, sondern auch Willenskundgebung Gottes. Durch diese Weisungen, verstanden als Lebens- und Verhaltensregeln, will er dem Menschen gerade zu einem in jeder Beziehung gelungenen Leben in selbst verantworteter Freiheit verhelfen. Tora als Gnade, als Evangelium! Darum beinhaltet auch der Zaun um die Tora eine bindende und zugleich eine befreiende Perspektive. Wie ließen sich sonst die euphorischen Tora-Bekenntnisse erklären: »Wie liebe ich doch deine Tora!« »Ich habe Freude an deiner Tora.« (Psalm 119,97.174)? Wer einmal in Israel das *Simchat Tora*-Fest (Fest der Tora-Freude) miterlebt hat, kann dies nur bestätigen. Welches Volk der Welt sonst tanzt mit seinem Zivil- und Strafgesetzbuch in der Hand? Besonders die ethischen Wahrheiten des Talmuds - in seinen haggadischen Bestandteilen - laden zum Tun und Leben ein. Diese Maximen fußen auf biblischem Boden, sind aber im Talmud bereichert um die mit ihnen gemachten Erfahrungen und werden dem konkreten Lebensvollzug zugeordnet. Zudem betreffen sie jeden Menschen, unabhängig von seinem Glauben und seiner Herkunft, sind also keineswegs bloß innerjüdisch ausgerichtet. Mitmenschlichkeit beschränkt sich auch im Talmud nicht auf den Umgang von Juden untereinander. Wesentlich ist ferner, daß talmudische Ethik nicht in ein starres System gepreßt oder streng methodisch gegliedert dargestellt wird, sondern daß sie zur Entfaltung gelangt entweder in knappen, pointierten Sätzen oder in einprägsamen Erzählungen. Dadurch ist Volksnähe gewahrt, Eingängigkeit und Nachvollziehbarkeit gewährleistet und ein Appell an das Gefühl und Gewissen jedes einzelnen gerichtet. Talmudische Ethik will keine abstrakten, intellektuellen Philosophien verkünden.

Wichtig ist auch, daß der Talmud keine rigorosen Forderungen stellt, sondern nützliche und erträgliche Weisungen gibt. Er predigt nicht Zölibat, Weltflucht oder übertriebene Enthaltsamkeit. Immer ist ihm der rechte Umgang des Menschen mit den guten Gaben Gottes angelegen. Haben wir auch das Verhältnis von schriftlicher und mündlicher Tora als analog zu dem von Schrift und Tradition der Kirche bestimmt, so tritt doch eine unterschiedliche Entwicklung zutage: Der Kirche kommt es vor allem auf die Wahrung des rechten Glaubens (Orthodoxie) an, der Synagoge aber auf die Fixierung des rechten Handelns (Orthopraxie). Ein jüdisches Lehramt gibt es strenggenommen nicht. »Hillel sagte: Sondere dich nicht von der Gemeinde ab! Vertraue nicht auf dich selbst bis zu deinem Todestag! Richte deinen Nächsten [solange] nicht, bis du in seine Lage gekommen bist! Sprich kein Wort, das man nicht verstehen kann [in der Annahme], man werde es später verstehen! Sage nicht, ich werde [Tora] lernen, wenn ich Zeit habe; vielleicht hast du nie Zeit.« (M Ab II 4 [5])

Keineswegs soll hier der Talmud »in den Himmel gehoben« werden. Nicht jedes Wort und jeder Gedanke ist von überragender Bedeutung. Er bleibt ein höchst irdisches Produkt, mit allen menschlichen Schwächen und Irrtümern versehen. Er läßt zwar überdeutlich die hinter ihm stehende göttliche Offenbarung hervorleuchten; mittels seiner wird Gott geehrt, aber eben niemals ersetzt. Gewiß ist der Talmud rangmäßig weder der biblischen Tora noch einem Prophetenbuch gleichzuachten, wohl aber ein Werk, das für Juden Richtschnur geblieben ist und das die Gültigkeit der Worte der Tora und der Propheten nicht augenfälliger einschärfen kann. »Eines hat Gott geredet; ein Zweifaches habe ich gehört.« (Psalm 62,12) Das Wort Gottes im Alten Testament hören Juden und Christen anders. Sein Kommentar liegt uns in

zweifacher Gestalt - im Talmud und im Neuen Testament - vor. Rabbinismus und Christentum sind zwei neue Zweige am alten Baum Israel. Die Einheit ist nur bei Gott selbst zu finden. »Unser Wissen ist [wahrlich] Stückwerk.« (1. Korinther 13,9) Daß aber Juden und Christen über die ihnen gemeinsame Schrift miteinander verbunden sind, bedeutet eine große Chance für ein wirkliches Gespräch miteinander.
Mag zwar R. Jochanan behaupten: »Wenn ein Nichtjude sich mit der Tora befaßt, so verdient er den Tod«, so ist doch mehr auf die Widerrede R. Me'irs zu hören: »Selbst ein Nichtjude, der sich mit der Tora beschäftigt, ist dem Hohenpriester gleichzustellen.« (b Sanh 59a) Beherzigen wir dabei zugleich den Rat R. Jochanan b. Zakkais: »Hast du viel Tora gelernt, so rechne es dir nicht als besonderes Verdienst an, denn dazu bist du ja erschaffen worden.« (M Ab II 8 [9]) Und vergessen wir nicht: Jeden Frommen erwartet nach seinem Tod sofort die Berufung ins himmlische Tora-Kollegium (b BM 86a).

Aufgabe: Wenn Sie mehr über den Talmud wissen wollen, lesen Sie eines oder mehrere der genannten Bücher!

23. Lösungshinweise

Der Unabgeschlossenheit des Talmuds entsprechend können keine definitiven, sondern nur subjektive Antwortmöglichkeiten angedeutet werden. Andere haben sicher andere Antworten parat.
Zu 1., S. 11: Es geht um die Reinheit und das korrekte Waschen der Hände. Erörtert werden die Art und Weise des Begießens, die Quantität und Qualität des verwendeten Wassers. Welche Gefäße dürfen dabei verwendet werden? Was passiert, wenn Wasser über das Handgelenk hinaus gegossen wird? Wodurch können überhaupt Hände unrein werden?
Zu 2., S. 14: Der Talmud unterscheidet nicht zwischen wichtigen und unwichtigen Fragen, zwischen Vergangenem und heute Wichtigem, Heiligem und Profanem, zwischen nationalen und

persönlichen Anliegen. Verschieden kann allenfalls die Perspektive der Annäherung an ihn sein: mit dem Blick auf Gott oder auf sich selbst, wobei ersterem eindeutig der Vorzug gebührt.

Zu 3., S. 20: Johannes: Altes Testament; 5. Mose: Teilsammlung, wohl identisch mit dem 5. Mosebuch selbst; Nehemia: Pentateuch; Psalm: mündliche Einzeltora. - »Schützt die schriftliche (biblische) Tora vor Übertretung! Umzäunt sie deshalb vorsorglich-vorbeugend mit den Weisungen der mündlichen Tora! Studiert niemals Tora ohne Berücksichtigung der (rabbinischen) Tradition!«

Zu 4., S. 23: 5. Mose 6,4-9 enthält den Kern des *Schma'-Jisrael*-(»Höre Israel«-)Gebetes, des jüdischen Glaubensbekenntnisses, von Jesus als erstes (»vornehmstes«) Gebot bezeichnet (Markus 12,29f.). Es schärft die Anerkennung der Einzigkeit Gottes ein (V.4), gebietet die Gottesliebe (V.5), das Torastudium und ihre Lehre (V.7), die Rezitation des *Schma'* abends und morgens (V.7), den Brauch, (beim werktäglichen Morgengebet) *Tefillin* (Gebetsriemen und -kapseln mit dem *Schma'*-Text auf Pergamentröllchen) am (linken) Arm (V.8) und an der Stirn (V.8) anzulegen, sowie das Anbringen einer *Mezuza* (Kästchen ebenfalls mit dem *Schma'*-Text) am Rahmen der Eingangstür (V.9) - die drei letztgenannten als sichtbare Hinweise auf das Halten jener Gebote.

Zu 5., S. 28: Bei der Pfändung ist ein Pfand üblich, um der Zahlungsforderung Nachdruck zu verleihen. Nur bei höheren Beträgen sollen zwei - doch verschiedene! - Dinge gepfändet werden. Das ist aber bei einer zweiteiligen Handmühle nicht der Fall. Da zudem die Tora ihre Pfändung verbietet, weil damit der betreffenden Familie die Mehlherstellung, somit die Ernährungsgrundlage entzogen wäre, macht sich der Schuldeneintreiber gleich doppelt schuldig und würde die doppelte Prügelstrafe erhalten. Die Rabbinen verallgemeinern das Tora-Wort, indem sie daraus das Pfändungsverbot aller lebensnotwendigen Utensilien (Schüsseln, Töpfe, Messer etc.) ableiten. - Der Schriftgelehrte Hillel bringt in seiner Anrede (Epigramm) an den Totenschädel die biblische Vergeltungslehre »Leben um Leben« zum Ausdruck (vgl. 1. Mose 9,6): Jeder wird entsprechend seinem Tun gerichtet; nichts auf dieser Welt ist zufällig. Jener Tote muß folglich zuvor selbst jemanden umgebracht (ertränkt) haben; er erleidet die »Spiegelstrafe«. Warum werden aber auch seine Scharfrichter ein analoges Schicksal erleiden? Offenbar, weil sie ihn - obgleich sie dadurch, ohne es zu wissen, Gottes Urteil vollstreckten - aus niederen Beweggründen töteten. »Die Füße des Menschen sind seine Bürgen. Wo er verlangt wird, bringen sie ihn hin.« (b Suk 53a)

Zu 6., S. 32: Diese Halacha führt in den weiten Bereich rabbinischer Reinheitsbestimmungen. Laut Tora ist eine Frau nach der Geburt eines Jungen eine Woche, nach der Geburt eines Mädchens zwei Wochen unrein, wozu noch 33 bzw. 66 Tage im »Blut ihrer Reinheit« kommen, in denen Blutungen nicht als Menstruation und damit nicht als Unreinheit angesehen werden. Der Abgang eines männlichen oder weiblichen Embryos bis zum 40. Tag nach der Befruchtung wird noch nicht einer Geburt gleichgestellt, da seine Ausbildung erst dann abgeschlossen ist. Nur eine Abortion ab dem 41. Tag macht die Einhaltung genannter Fristen erforderlich. R. Jischma'els Sondermeinung, die Entwicklung eines weiblichen Fötus dauere bis zum 80. Tag, lehnt die Mehrheit der Weisen ab. Besteht jedoch nach dem 41. Tag ein Zweifel über das Geschlecht des Kindes oder darüber, ob überhaupt eine Schwangerschaft vorlag, muß die Frau sicherheitshalber die längste Reinigungsfrist - wie für die Geburt eines Mädchens - einhalten. D. h., sie gilt zunächst 14 Tage als unrein, befindet sich aber dann nicht 66 Tage im Blut ihrer Reinheit, sondern muß bei Blutungen in jener Zeit die einwöchentlichen Menstruationsfristen ausführen. Hat sie also am 74. und am 81. Tag eine Blutung, so hat sie jeweils eine Menstruationswoche zu beachten und ist somit gar bis zum 88. Tag menstruationsunrein.

Zu 7., S. 38: 2. Mose 29,38ff.: *Seder V (Tamid*, »tägliches [Opfer]«); 3. Mose 22,1ff.: *Seder* VI (mit V.6f. beschäftigt sich *Tebul Jom*, der [noch] am gleichen Tag [im Wasser] Untergetauchte«); 3. Mose 23,39ff.: *Seder* II (Traktat *Sukka*, »Laubhütte[nfest]«); 5. Mose 22,9-11: *Seder* I (Traktat *Kil'ajim*, »Zweierlei«, widmet sich jenen unerlaubten Vermischungen). - Die Halacha ist der Eingang des 8. Traktates *Rosch ha-*

Schana , »Neujahrsfest«, von *Seder* II. Ab Nisan (1. Monat: März/April) zählte man das staatliche Jahr und bis heute das jüdische Festjahr (erstes Hauptfest: Passa). Die geforderte jährliche Zehntabgabe vom Vieh (vgl. 3. Mose 27,32) betrifft immer ab dem 6. Monat Elul (Aug./Sept.) geborene Tiere. Der 1. des 7. Monats Tischri (Sept./Okt.) markiert das kalendarische jüdische Neujahr, aber auch die Bestimmungen für Sabbat-(Brach-) und Erlaß-(Jobel-)jahr (vgl. 3. Mose 25) gelten ab diesem Datum. Der 1. bzw. (heute nach Hillel) der 15. des 11. Monats (Jan./Febr.) ist das Neujahr für den Baum (vgl. 3. Mose 19,23-25), d. h. für die Berechnung der Abgaben vom Obst. - Die Haggada ist die letzte Mischna des 7. Traktates *Kidduschin* , »Antrauung«, von *Seder* III. Deutlich artikuliert sich die Vorsicht der Rabbinen im Umgang mit Frauen. Kurz zuvor heißt es: »Ein Mann darf nicht einmal mit zwei Frauen allein sein.« (Mischna 12) Vom Zusammenhang her dürfte »Frauenhandwerk« bedeuten: »ein Handwerk, bei dem er mit Frauen zu tun hat«, z. B. Goldschmied, Hausierer, Wäscher, Walker, Bademeister. Ein leichtes Handwerk wäre demgegenüber Nadelstickerei (Polsterer). Tora-Studium jedoch übertrifft alle weltlichen Berufe, weil dadurch zugleich Garantie auf himmlische Belohnung besteht, - ist aber sicher nicht das leichteste Handwerk.

Zu 8., S. 44: Wenn ein Reh in ein Haus läuft und jemand die Tür schließt, hat man es gefangen und damit den Sabbat übertreten, denn Jagen ist eine der 39 verbotenen Arbeiten. Schließen aber zwei die Tür, so wird die Jagdarbeit von beiden zusammen verrichtet. Es gilt dann das Prinzip: Da keiner die ganze Arbeit tat, ist auch keiner schuldig. - Ein Medikament gegen Zahnschmerzen am Sabbat zu nehmen, wäre die Ausführung der nicht erlaubten Arbeit des Heilens. Wenn man jedoch - wie üblich - Essig den Sabbatmahlzeiten beifügt und dieser eine schmerzlindernde Wirkung zeitigt, ist dies erlaubt. Denn in diesem Fall ist die heilende Absicht nicht vorrangig, sondern mehr oder weniger ein Nebeneffekt beim gebotenen Sabbatessen.

Zu 9., S. 49: Mischna wie babylonische Gemara betonen die Hinwendung zum Land Israel zwecks Förderung seiner Besiedelung. Ein (jüdischer) Sklave muß seinem Herrn dorthin folgen und sei für ihn damit der Umzug in eine schlechtere Wohnung im Vergleich zur jetzigen verbunden. Zwar lehrt dies unsere Mischna, die sich auf Mann und Frau konzentriert, nicht, aber offenbar gibt es eine andere Version, die dies ausdrücklich festhält: die Version der palästinischen Mischna: »seien es Männer oder Frauen oder Sklaven«. Sie ist den babylonischen Gelehrten bekannt, weshalb sie in ihrer Gemara auch darauf eingehen. Umgekehrt kann selbst ein nichtjüdischer Sklave (»aus dem Ausland«) von seinem Herrn nicht mehr zum Verlassen des Landes Israel gezwungen werden; er muß ihn dort verkaufen und allein wegziehen. Ferner: Wenn eine Frau ihrem Mann nach Israel nicht folgen will, so ist dies für ihn ein Scheidungsgrund und die Auszahlung der bei der Eheschließung vereinbarten Summe hinfällig. Und wieder umgekehrt: Die Frau kann die Scheidung und die *Ketubba*-Zahlung verlangen, wenn ihr Mann sie dorthin nicht begleiten will.

Zu 10., S. 54f.: Wieder hat die palästinische Mischna-Version die ältere Ansicht Rabbi Jehudas und die babylonische eine spätere, der früheren genau entgegengesetzte bewahrt. Dieser Kontrast ist sowohl pT wie bT bekannt und dort Gegenstand von Harmonisierungsversuchen. Letztlich geht es nur um die Frage, welche Metallsorte als Geld, welche als Ware anzusehen ist.

(a.) pT: »Silber eignet Gold an ...; Kupfer eignet Silber an«: Gold, Silber und Kupfer stehen als »Genossen« in der abnehmenden Wertskala nebeneinander. Silber/Kupfer = Ware (»Früchte«); Gold/Silber = Zahlungsmittel. Warum? Das wertvollere Gold ist ein festes, nicht im Kurs schwankendes Zahlungsmittel. Deshalb: Durch das Silber als Ware wird das Gold (vom Verkäufer) angeeignet und sein Eigentum. Entsprechend wird durch Kupfer das gegenüber ihm wertvollere Zahlungsmittel Silber angeeignet. Mit Silber kauft man folglich Gold, mit Kupfer Silber. -

(b.) bT: »Gold eignet Silber an ...; Kupfer eignet Silber an«. Jetzt gelten folgende Gleichungen: Gold/Kupfer = Ware (»Früchte«); Silber = Zahlungsmittel. Warum? Silber ist gegenüber Gold gängiger und wird allgemein als Geld betrachtet. Durch das Annehmen von Gold als Ware wird demnach Silber angeeignet. Der Verkäufer des Goldes kauft/erhält Silber(-geld). Analog dazu wird durch das Kupfer als Ware ebenfalls Silber angeeignet. Mit Gold kauft man Silber, und mit Kupfer kauft man Silber.

Zu 11., S. 61: Das Schreiben von zwei zusammen lesbaren Buchstaben am Sabbat ist eine konstruktive Arbeit, da sie einen Sinn ergeben (z. B. : »Ei«, »da«); nur ein Buchstabe wäre erlaubt. Die Mischna präzisiert weiter: Es spielt dabei keine Rolle, mit welcher Hand die beiden Buchstaben geschrieben werden, ob sie von einem oder mehreren Wörtern stammen oder ob sie Merkzeichen (Abkürzungen von Namen) bilden. R. Jose schränkt noch stärker ein: Allein schon zwei Striche erfüllen den Tatbestand verbotenen Schreibens. Die Gemara konzentriert sich auf das Schreiben mit der linken Hand. Ist dies nicht eine unübliche - darum erlaubte - Weise? R. Jirmeja entgegnet: Bei dieser Bestimmung ist eben an einen Linkshänder gedacht worden. Darauf eine Gegenrede: Dann müßte dieser aber beim Schreiben mit seiner Rechten straffrei sein, weil das für ihn die ungewöhnliche Schreibart wäre. Warum also trotzdem: »sei es mit seiner rechten, sei es mit seiner linken Hand«? Abaje formuliert eine neue Antwort: Die Mischna denkt eben an einen beider Hände gleich Mächtigen. Schließlich bringt R. Ja'akob die korrekte Begründung: Es geht gar nicht (nur) ums Schreiben, sondern um das Zeichnen/Markieren/Registrieren, das jedermann beidhändig möglich ist. Er schließt sich damit R. Jose an, der jene verbotene Arbeit historisch vom Stiftshüttenbau ableitet: Dort markierte man zusammengehörende Bretter mittels Strichen. Folglich muß auch der Anfang der Mischna, nicht nur der ihm namentlich zugewiesene Schlußsatz, von R. Jose stammen.

Zu 12., S. 67f.: Die »bodenständigen«, tora-orientierten Rabbinen warnen vor mystischen Spekulationen, der Beschäftigung mit Esoterischem und der Erkundung göttlicher Geheimnisse. Dies wird zwar nicht grundsätzlich verboten, aber nur demjenigen zur Nachahmung empfohlen, der es - körperlich und geistig - fassen kann. Jeder muß um seine Grenzen wissen. R. Akiba vereint offenbar solide Torakenntnis und hochfliegende Himmelsschau. Zweifellos ist diese (biographische) Erzählung auf ihn zugeschnitten. Das abschließende Schriftwort soll Akibas Möglichkeit, sich dem Göttlichen zu nähern, unterstreichen. Er warnt anfangs seine drei Kollegen vor glänzenden Marmorsteinen. Verwandte Schilderungen verdeutlichen: Je weiter man sich in die himmlischen Regionen vorwagt, um so mehr fühlt man erdrückende Wassermassen auf sich zukommen - letztlich eine Sinnestäuschung. Wer wegen dieses vermeintlichen Wassers die Marmorsteine des himmlischen Palastes verkennt, weil er sich einfach überschätzt hat, erleidet die Steinigungsstrafe eines Gotteslästerers. Schriftwort 2 charakterisiert immerhin den toten Ben Azai posthum als Frommen. Ben Zoma vermag nur sein Leben, aber nicht seinen Verstand zu retten; Schriftwort 3 frei wiedergegeben: »Allzuviel ist ungesund.« Acher (deutsch: »der andere«, »der, dessen Namen man nicht mehr nennt, weil er ein anderer geworden ist«) ist R. Elischa b. Abuja, der den Zaun um die »Tora-Pflanzung« niederzureißen versucht und - wie Schriftwort 4 andeutet - zum Ketzer wird. Konvertiert er zum Christentum? Jedenfalls zählt er zu den abtrünnigen, unbekehrbaren Söhnen Israels. Übrigens: Als man 1865 Goethes »Faust« ins Hebräische übersetzte, gab man ihm den Namen »Ben Abuja«.

Zu 13., S. 75: Es handelt sich in allen Fällen um Querverweise des R. Jehoschua Boaz. Z.33: Der kleine hebräische Buchstabe (*Mem*) vor dem viertletzten Wort weist hin auf eine mittelalterliche halachische Parallele (bei Maimonides), deren Quellenangabe ganz oben links in der Spalte *En Mischpat* zu finden ist. - Das Sternchen beim vorletzten Wort erinnert an eine innertalmudische Entsprechung, die auf gleicher Zeilenhöhe ganz rechts außen (*Masoret ha-Schas*) angegeben ist (»[Traktat] *Makkot* 2«). - Z. 47: Je ein kleiner Kreis vor dem zweiten und siebenten Wort deutet Anspielungen auf die Bibel an, die wieder auf Zeilenhöhe ganz rechts nach Buch und Kapitel aufgelistet sind (»Obadja 1; Jeremia 49«); demnach befinden wir uns in der Rubrik *Tora Or*.

Zu 14., S. 82: Antigonus weist offenbar die landläufig angenommene Gleichwertigkeit von menschlichem Verdienst und göttlichem Lohn zurück. Irdisches Wohlergehen ist kein Zeichen von Lohn, wie Unglück kein Zeichen von Strafe ist. Das Mensch-Gott-Verhältnis ist kein rechtlicher Vertrag, der es dem Menschen erlauben könnte, einen Anspruch auf Gegenleistung zu stellen. Zwar erscheint Juden die Tora prinzipiell erfüllbar, doch keiner meint, dies wirklich im Leben ganz zu schaffen. Das Himmelreich kann man sich dadurch nicht verdienen. Doch ist man von dieser Aufgabe, ein Leben nach der Tora zu führen, auch nicht freigestellt. Selbst intensivste Tora-Erfüllung läßt nur auf Gnadenlohn hoffen. - Genauso macht Jesu Gleichnis vom Herrn und Knecht deutlich: Der Mensch als Eigentum (»Knecht«) Gottes tut nur seine Schuldigkeit. Hauptsache ist die Arbeitspflicht, nicht der -lohn; Gehorsam ist dem Lohngedanken übergeordnet. Lohn wird auch denen verheißen, die um Jesu willen leiden müssen. Es handelt sich dabei ausschließlich um himmlischen Lohn in der zukünftigen Welt. Er besteht nicht in Materiellem, sondern in der Gemeinschaft mit Gott und Jesus. Auch richtig praktizierte Frömmigkeit läßt auf Lohn hoffen, wobei es aber nicht auf das Werk an sich, sondern auf die gute Gesinnung des Menschen ankommt. Tue ich gute Werke aus egoistischer Berechnung oder spontan aus Nächsten- und Gottesliebe heraus? Letztlich entscheidet sich das Schicksal des Menschen nicht an der Tora-Erfüllung, sondern daran, ob er sich auf die Vollmacht Jesu einläßt. Nur in der Begegnung mit Jesus - durch das Hören und Tun seiner Worte - wird entweder das Selig ergriffen oder das Heil verspielt. Über Antigonus hinaus betont Jesus weniger die (Ehr-)Furcht als vielmehr die Liebe und Dankbarkeit gegenüber Gott.

Zu 15., S. 89: Dieses Kapitel dürfte erst die geschichtliche Situation des Evangelisten nach dem Jahr 70 und nicht die Zeit Jesu widerspiegeln. Noch hält sich die (juden-)christliche Gemeinde zur Synagoge und anerkennt die rabbinische Richterfunktion (V.3). Aber das Zusammenleben zwischen dieser geistdurchwirkten (charismatischen), »reformjüdischen« Jesus-Gemeinde und der dominierenden pharisäischen Lehrmeinung gestaltet sich zunehmend schwerer und wird Ende des 1. Jh. zum Bruch zwischen Christen und Juden führen. Noch steht die Autorität der pharisäischen Schriftgelehrten als legitime Mose-Nachfolger außer Frage (V.2f.). Doch es klafft ein Widerspruch zwischen ihren Worten und Taten. Das Joch der (613) Gebote erscheint nicht mehr als Freude und Freiheit (V.4). Wie erwähnte fünf

Pharisäer-Typen sind jene Rabbinen auf öffentliche Anerkennung aus und wollen vom Volk gelobt werden, indem sie ihren Glauben und ihr Amt zur Schau tragen (V.5-7). Die (judenchristliche) Gemeindeordnung hingegen untersagt Amts- und Berufsbezeichnungen wie »Rabbi«, »Abba« (»Vater«) oder »Lehrer«. Sie versteht sich als Bruderschaft, nicht als Gelehrte-Schüler-Hierarchie. Es gibt kein christliches Rabbinat, sondern Gott allein ist die einzige Autorität und der wahre Vater, was zweifellos gegen die jüdische Vätertradition und -verehrung gerichtet ist (V.8-10). Gewiß ist dies eine zeitbedingte, polemische Wertung, verstehbar als Warn- und Umkehrruf, die nicht pauschaliert werden darf. Auch im damaligen Judentum hören wir derlei kritische Sätze: »Hillel pflegte zu sagen: Wer seinen Namen ausbreitet, dessen Name verliert sich.« (M Ab I 13) »Er (R. Jischma'el b. Jose) pflegte ferner zu sagen: Sei nicht einziger Richter! Denn allein richtet nur einer [nämlich Gott].« (M Ab IV 8 [10]) Die Christengemeinde überbetont dabei ihr Anliegen: bereit sein zum Dienen, zur Demut und zum Verzicht auf Ruhm und Ehre (V.11f.). Denn daß der Größere der Diener eines Geringeren sein soll, läßt sich rabbinischen Aussagen nicht entnehmen.

Zu 16., S. 96: (a.) zur Sabbatfrage: Auch Schreiben auf die Haut - etwa auf die Hand, um sich an etwas zu erinnern - ist natürlich verboten, da dies etwas Konstruktives ist. Doch über das Tätowieren des Körpers gehen die Meinungen auseinander. Laut Weisen(-mehrheit) ist man nicht schuldig, weil dies eine auf höchst ungewöhnliche Art verrichtete Arbeit ist. R. Eli'ezer verweist dagegen auf das Beispiel Ben Stadas, was jene ablehnen: Ben Stada war ein Sonderling, der seinen magischen Lernstoff auf anormale Weise fixiert aus Ägypten herausschmuggelte. Nur wegen dieses einen Falles von Schreiben kann Tätowieren noch keine verbotene Sabbatarbeit sein.

(b.) zu Ben Stada: Da er am Schluß mit Ben Pandera identifiziert wird, hat man auch hier eine gegen Jesus gemünzte Eintragung entdecken wollen. Doch die neutestamentlichen Parallelen sind äußerst karg: Jesus war allenfalls als Kind in Ägypten (Matthäus 2,13f.), und das Stichwort »Zauberei« mag an Matthäus 9,34 denken lassen. Ägypten galt allgemein als Kernland der Zauberei (b Kid 49b), Ben Stada somit als Erzzauberer. Natürlich schwingt indirekt der an anderer Stelle erhobene Vorwurf der unehelich-nichtjüdischen Herkunft Jesu von Pandera und der der Verleitung zum Götzendienst mit. Doch letztlich ist hier nicht Jesus oder Ben Stada das Thema, sondern die Problematik verbotenen bzw. erlaubten Schreibens am Sabbat.

Zu 17., S. 99: (zu I) Das Geschwisterpaar will den angeblich ohne Ansehen der Person urteilenden Philosophen der Bestechung überführen. Dazu trägt Imma ein fingiertes Anliegen vor: Sie möchte als Tochter die Hälfte des väterlichen Erbes haben. Als sie dem Philosophen eine wertvolle Leuchte schenkt, gibt er ihr recht. (zu II) Ihr Bruder weist mit gespielter Entrüstung auf die Tora-Bestimmung hin, nach der einzig Söhne erbberechtigt sind (außer: der Verstorbene hinterläßt lediglich Töchter). Der Philosoph lehnt diesen Einwand ab: Die Tora sei überholt und an ihre Stelle das Evangelium (in christlich zensierten Talmudausgaben steht: »ein anderes Buch«) getreten, das die erbrechtliche Gleichstellung lehre. (zu III) Nun schenkt ihm Gamli'el einen wertvollen Esel, worauf der Philosoph schlagartig seine Meinung ändert und doch nach dem Wortlaut der Tora zuungunsten Immas urteilt. (zu IV) Vergeblich erinnert sie ihn an ihr Geschenk. Gamli'el faßt das Ergebnis (Lernziel für den Leser) ironisch zusammen: Das kostbarere Geschenk des Esels hat das der Lampe in den Hintergrund treten lassen. - Sicher wird hier Spott an *einer* (nicht: der) doppelzüngigen christlichen Haltung geübt. Vielleicht soll dieses trickreiche Exempel Eli'ezer von seinem Plan, zum Christentum überzutreten, abbringen. Der Philosoph ist darum nur Mittel zum Zweck. Interessant ist, daß sich Imma auch im Neuen Testament auskennt, denn ihre Aufforderung in IV spielt deutlich auf Jesu Wort Matthäus 5,16 an, nachdem zuvor in III der Philosoph das von 5,17 zitiert hat.

Zu 18., S. 104: Laut 3. Mose 22,32 soll Gott geheiligt werden »unter den (wörtlich: »inmitten der«) Kindern Israel«. Gottesdienst ist demnach keine Privatsache, sondern eine öffentliche Angelegenheit. Psalm 82,1 verstärkt dies: Gott ist nur in der Gottesgemeinde zu finden! Doch was heißt »Gemeinde«? Dieses

Wort kommt im Rahmen der Erzählung von den Kundschaftern 4. Mose 14,27 vor: Es sind zwölf, von denen aber - außer Josua und Kaleb - zehn murren und deshalb ums Leben kommen. Die (böse) Gemeinde von 14,27 besteht darum aus zehn Personen (vgl. b Meg 23b). - Man könnte aber auch einfach an 1. Mose 18,16ff. erinnern, wo Gott nach mindestens zehn Gerechten (V.32) in Sodom verlangt, damit er die Stadt nicht zerstört.

Zu 19., S. 109f.: 2. Mose 6,12: *Kal wa-Chomer* ; Römer 4,9-11: Schlußfolgerung aus dem Kontext: Abraham hat die Verheißung (1. Mose 15,6) zeitlich vor seiner Beschneidung (1. Mose 17,10f.) erhalten; Römer 5,15: *Kal wa-Chomer* ; Römer 13,9: Schlußfolgerung vom Besonderen (Zehn Gebote) auf das Allgemeine (Nächstenliebegebot). - M Chul V 5 wendet den Analogieschluß (*Gezera schawa*) an. Da 1. Mose 1,5 den Begriff »Tag« als aus vorhergehender Nacht und dem nächsten Morgen definiert (»und es wurde Abend und es wurde Morgen«), muß dies analog für die Bestimmung 3. Mose 22,28 gelten. Wenn das Muttertier nachmittags geschlachtet wird, darf ihr Junges bereits am Abend, nach Einbruch der Nacht, geschlachtet werden, weil diese Nacht ja der Beginn des neuen Wochentages ist. Anders wenn das Muttertier am Abend geschlachtet wird: Dann darf das Jungtier erst am Abend darauf - wenn der nächste Tag anfängt - getötet werden. - 2. Mose 13,6 ordnet an, in der Passa-Zeit sieben Tage ungesäuertes Brot (Mazzen) zu essen, aber 5. Mose 16,8 nur sechs. Die Stelle 3. Mose 23,14f. dient der Auflösung des vermeintlichen Widerspruchs: Neues Korn darf erst nach Darbringung der Schwingopfergarbe verarbeitet werden. Diese erfolgt am Tag nach dem ersten Festtag (Sabbat), d. h. am zweiten Festtag. Darum wird 5. Mose 16,8 von den Rabbinen auf das sechstägige Essen von Mazzen aus der neuen Ernte bezogen, während 2. Mose 13,6 das alle sieben Festtage mögliche Essen von ungesäuertem Brot aus der Getreideernte des Vorjahres meinen soll (b Men 66a).

Zu 20., S. 117: Abraham wird laut Tora 175 Jahre alt. Nach rabbinischer Auffassung hört er aber 172 Jahre lang auf die Stimme Gottes. Folglich hat er Gott schon seit seinem dritten Lebensjahr anerkannt und verehrt. - Offenbar ist Reiten am Sabbat verboten, aber aufgrund rein rabbinischer Anordnung (*mi-de-Rabbanan*), nicht von der Tora gestützt. Ein solches Sabbatvergehen wird deshalb üblicherweise erleichternd gewertet und nicht mit der Todesstrafe geahndet. In diesem Fall aber setzt sich das Gericht darüber hinweg, daß diesbezüglich keine Tora-Vorschrift zur Hinrichtung existiert. Begründung: Die Stunde macht dies erforderlich. Will sagen, in jenen Tagen heidnischer Herrschaft haben die Sitten und Befolgung der Gebote rapide nachgelassen. Die Hinrichtung ist ein vorbeugender, abschreckender Akt in dieser gottlosen, götzendienerischen Zeit. Vor Nachahmung soll gewarnt werden. Demnach liegt ein Sonderfall, ein außerordentliches Verfahren, vor. Nur aufgrund einer Ausnahmesituation dürfen Rabbinen eine von der Tora verbotene Handlung (hier: eine Hinrichtung) per *Takkana* erlauben. Eine allgemeine Regel ist daraus nicht ableitbar.

Zu 21.S. 125: Für einen Juden »wird das Beten umständlich« in einem Raum mit Kreuz (Ernst Roth: Die Halacha des Reisenden). Er soll entweder zum Beten außer Haus gehen oder sein Gebet in eine dem Kreuz abgewandte Richtung sprechen. - Laut Tora gibt es das Gebot, das Land Israel zu besiedeln und die Vorbevölkerung zu vertreiben. Schlomo Goren, der frühere aschkenasiche Oberrabbiner Israels, bezieht sich hierauf, wenn er das Recht der Juden auf ihr Land (einschließlich der sogenannten Westbank: Judäa und Samaria) betont. Judenfeinden wie den Palästinensern müsse jegliches Wohnrecht im Land verweigert werden. Die Tora verbiete territoriale Zugeständnisse; das Leben der Nation hänge von einem definitiven Sieg ab. Die Gegenposition vertritt Obadja Josef, der ehemalige Oberrabbiner der sefardischen Juden: Es sei ratsamer, um des Friedens willen auf Gebiete zu verzichten, als der Gefahr ausgesetzt zu sein, daß bei der Beseitigung der feindlichen Kräfte Lebensverlust drohe. Pointiert: Es lohne sich nicht, wegen eines Stückes Land zu sterben. Er überträgt die Halacha von der Lebensrettung auf die Landdiskussion: Die Unverletzbarkeit und Heiligkeit Israels sei zweitrangig gegenüber dem Grundsatz, Leben zu retten und zu schützen. Jene Halacha setze folglich die beiden genannten Tora-Bestimmungen außer Kraft. Leider hat sich momentan erstere Meinung als die offizielle durchgesetzt. Doch scheint es ein fatales und gefährliches Unterfangen zu sein, über Krieg und Frieden rein religiös-traditionell entscheiden und sich über realpolitische und demokratische Argumentation hinwegsetzen zu wollen. Gerade hier zeigen sich die Grenzen biblisch-rabbinischer Argumentation.

Zu 22., S. 131: Der babylonische Talmud. Ausgewählt, übersetzt und erklärt von Reinhold Mayer. Goldmann Taschenbuch. Nr. 8665. München, Neuauflage 1989

Der Babylonische Talmud. Neu übertragen durch Lazarus Goldschmidt. Gesamtausgabe in 12 Bänden. Jüdischer Verlag, Königstein/Ts., 1980/81, Nachdruck von 1929-36/1964

Günter Stemberger: Das klassische Judentum. Kultur und Geschichte der rabbinischen Zeit (70 n. Chr. bis 1040 n. Chr.). Verlag C. H. Beck, München, 1979

Günter Stemberger: Der Talmud. Einführung - Texte - Erläuterungen. Verlag C. H. Beck, München, Neuauflage 1987

allgemeine Informationen: Arnulf H. Baumann (Hrsg.): Was jeder vom Judentum wissen muß. Gütersloher Verlagshaus. GTB. Nr. 788. ^{5}1990

24. Talmud im Überblick

Seder	M Kap.	bT Fol.	pT Fol.	Traktat (Abk.)	Inhalt	Torabasis
[I]						
	9	64	14	Berachot, »Segenssprüche« (Ber)	Gebete/Lobsprüche	(5.Mo.6,4-9)
	8	-	7	Pea, »[Acker-]Ecke« (Pea)	Armenrecht/Nachlese	3.Mo.19,9f.
	7	-	6	Demai, »Zweifelhaftes« (Dem)	zweifelhafte Verzehntung	-
Z	9	-	7	Kil'ajim, »Zweierlei« (Kil)	verbotene Vermischungen	5.Mo.22,9ff.
E	10	-	7	Schebi'it, »7. Jahr« (Schebi)	Erlaßjahr	3.Mo.25,1ff.
R	11	-	9	Terumot, »Abgaben« (Ter)	Priesteranteil	4.Mo.18,8ff.
A	5	-	5	Ma'asrot, »1. Zehnter« (Ma'as)	Levitenanteil	4.Mo.18,21ff.
'I	5	-	5	Ma'aser Scheni, »2.Zehnter« (MSch)	Eigenverzehranteil	5.Mo.14,22ff.
M	4	-	4	Challa, »Teighebe« (Chal)	Abgaben vom Teig	4.Mo.15,17ff.
	3	-	4	Orla, »Vorhaut« (Orl)	»unbeschnittene« Bäume	3.Mo.19,23ff.
	3	-	3	Bikkurim, »Erstlinge« (Bik)	die ersten Feldfrüchte	5.Mo.26,1ff.
[II]						
	24	157	18	Schabbat, »Sabbat« (Schab)	Sabbatbestimmungen	2.Mo.35,1ff.
	10	105	9	Erubin, »Vermischungen« (Er)	Sabbatweg/-grenzen	-
	10	121	11	Pesachim, »Passaopfer« (Pes)	Passafestbestimmungen	2.Mo.12,1ff.
	8	-	7	Schekalim, »Schekel« (Schek)	Tempelsteuer	2.Mo.30,11ff.
M	8	88	8	Joma, »der Tag« (Joma)	Versöhnungstag-Ablauf	3.Mo.16
O	5	56	5	Sukka, »Laubhütte« (Suk)	Laubhüttenfestfeier	5.Mo.16,13ff.
'E	5	40	5	Beza, »Ei« [Jom tob] (Bez)	Festtagsbestimmungen	-
D	4	35	4	Rosch ha-Schana, »Neujahr« (RH)	Neujahrsfest-Ablauf	3.Mo.23,24f.
	4	31	7	Ta'anit, »Fasten« (Ta'an)	Fastritual (bei Dürre)	-
	4	32	7	Megilla, »[Ester-]Rolle« (Meg)	Lesen der Rolle zu Purim	-
	3	29	4	Mo'ed Katan, »kleines Fest« (MK)	Halbfeiertage der Feste	(3.Mo.23,6-8)
	3	27	5	Chagiga, »Festfeier« (Chag)	Opfer an den 3 Festen	5.Mo.16,16f.
[III]						
N	16	122	16	Jebamot, »Schwägerinnen« (Jeb)	Schwager-(Levirats-)ehe	5.Mo.25,5ff.
A	13	112	12	Ketubbot, »Eheurkunden« (Ket)	Hochzeitsverträge	(2.Mo.22,16)
S	11	91	7	Nedarim, »Gelübde« (Ned)	Arten von Gelübden	4.Mo.30
C	9	66	8	Nazir, »Nasiräer« (Naz)	»Gottgeweihte«	4.Mo.6
H	9	49	9	Sota, »die Abweichende« (Sot)	die ehelich untreue Frau	4.Mo.5,11ff.
I	9	90	7	Gittin, »Scheidebriefe« (Git)	ihre Ausfertigung	5.Mo.24,1ff.
M	4	82	9	Kidduschin, »Antrauung« (Kid)	Verlobung/Ehelichung	-
[IV]						
	10	119	7	Baba Kamma, »Erste Pforte« (BK)	Schadensrecht	2.Mose 21f.
	10	119	6	Baba Mezia, »Mittlere Pforte« (BM)	Mobilienrecht	(3.Mo.5,20ff.)
N	10	176	6	Baba Batra, »Hintere Pforte« (BB)	Immobilien-/Erbrecht	(4.Mo.27,1ff.)
E	11	113	14	Sanhedrin, »Hoher Rat« (Sanh)	Strafrecht/Todesstrafen	(5.Mo.21,18ff.)
Z	3	24	3	Makkot, »Schläge« (Mak)	Prügelstrafe	5.Mo.25,1ff.
I	8	49	7	Schebu'ot, »Schwüre« (Schebu)	Arten von Eiden	3.Mo.5,4ff.
K	8	-	-	Edujot, »Zeugnisse« (Ed)	traditionelle Lehren	-
I	5	76	7	Aboda Zara, »Götzendienst« (AZ)	Götzenbilder/Heiden	-
N	5(6)	-	-	Abot, »[Sprüche der]Väter« (Ab)	Rabbinen-Sentenzen	-
	3	14	4	Horajot, »Lehren« (Hor)	irrtümliche Entscheidungen	3.Mo.4,13ff.

Seder	M Kap.	bT Fol.	pT Fol.	Traktat (Abk.)	Inhalt	Torabasis
[V]						
	14	120	-	Zebachim, »Schlachtopfer« (Zeb)	ihre Darbringung	3.Mo.1
K	13	110	-	Menachot, »Speiseopfer« (Men)	ihre (Un-)Tauglichkeit	3.Mo.2
O	12	142	-	Chullin, »Profanes« (Chul)	Schächten von Tieren	(3.Mo.22,28)
D	9	61	-	Bechorot, »Erstgeburten« (Bech)	Erstgeburten von Vieh	5.Mo.15.19ff.
A	9	34	-	Arachin, »Schätzungen« (Ar)	gelobte Summen/Pfändung	3.Mo.27,1ff.
S	7	39	-	Temura, »Vertauschung« (Tem)	vertauschte Opfertiere	3.Mo.27,10.33
C	6	28	-	Keritot, »Ausrottungen« (Ker)	Tod durch Gottes Hand	(3.Mo.18,29)
H	6	22	-	Me'ila, »Veruntreuung« (Me'il)	Vergreifung an Geheiligtem	3.Mo.5,15f.
I	7	9	-	Tamid, »Tägliches Opfer« (Tam)	priesterlicher Opferdienst	2.Mo.29,38ff.
M	5	-	-	Middot, »Maße« (Mid)	Tempeltore/-mauern/-höfe	-
	3	-	-	Kinnim, »Vogelnester« (Kin)	Taubenopfer der Armen	3.Mo.5,7ff.
[VI]						
	30	-	-	Kelim, »Geräte« (Kel)	Unreinheit (von Geräten)	3.Mo.11,32ff.
	18	-	-	Ohalot, »Zelte« (Ohal)	Leichen-Unreinheit	4.Mo.19,14f.
	14	-	-	Nega'im, »Plagen« (Neg)	Aussatz	3.Mo.13f.
T	12	-	-	Para, »Rote Kuh« (Par)	Reinigungswasser	4.Mo.19
O	10	-	-	Toharot, »Reinheiten« (Toh)	leichte Verunreinigungen	-
H	10	-	-	Mikwaot, »Tauchbäder« (Mik)	ihre Maße, ihr Wasser	3.Mo.15,5ff.
A	10	73	4	Nidda, »Unreinheit« (Nid)	die Menstruierende	3.Mo.15,19ff.
R	6	-	-	Machschirin, »Geeignet Machendes« (Mach)	was zum Unreinwerden hilft	3.Mo.11,37f.
O						
T	5	-	-	Zabim, »Flußbehaftete« (Zab)	unreiner Ausfluß	3.Mo.15,1ff.
	4	-	-	Tebul Jom »Vom Untertauchen« (TebJ)	Unreinheit bis zum Abend	3.Mo.22,4ff.
	4	-	-	Jadajim, »Hände« (Jad)	ihre Unreinheit/Reinigung	-
	3	-	-	Ukzin, »Stiele« (Uk)	Unreinheit der Wurzeln	-